法學啟蒙叢書

民法系列 ——

買　賣

■ 陳添輝　著

Sale

Civil Law

三民書局

國家圖書館出版品預行編目資料

買賣／陳添輝著.――初版一刷.――臺北市：三
民，2006
　　面；　　公分.――(法學啟蒙叢書)
　　參考書目：面
　　ISBN 957-14-4562-2　(平裝)

　1.買賣(法律)　2.契約(法律)

584.381　　　　　　　　　　　　　95016188

ⓒ 買　　賣

著 作 人	陳添輝
美術設計	陳健茹
校　　對	陳翠霜
發 行 人	劉振強
著作財產權人	三民書局股份有限公司
發 行 所	三民書局股份有限公司
	地址　臺北市復興北路386號
	電話　(02)25006600
	郵撥帳號　0009998-5
門 市 部	(復北店) 臺北市復興北路386號
	(重南店) 臺北市重慶南路一段61號
出版日期	初版一刷　2006年11月
編　　號	S585630
基本定價	肆元肆角

行政院新聞局登記證局版臺業字第○二○○號

有著作權‧不准侵害

ISBN　957-14-4562-2　　（平裝）

http://www.sanmin.com.tw　三民網路書店

自 序

　　歐陸各國曾經繼受羅馬法，使羅馬法成為歐陸各國之共同法 (ius commune)。十八、十九世紀時，歐陸各國紛紛編纂民法典，即係以羅馬法為基礎，針對各國不同之需求，而為變更設計；於是歐陸各國之民法，逐漸發展出各自之特色，最顯著之例子，例如：買賣契約與所有權移轉之關係，法國民法採純粹意思合致原則 (das reine Konsensprinzip)、奧地利民法採交付原則 (das Traditionsprinzip)、德國民法採物權行為無因性原則 (das Abstraktionsprinzip)，以及瑞士民法採物權行為有因性原則 (das Kausalitätsprinzip)；此外，關於權利瑕疵，羅馬法及法國民法採追奪占有原則 (das Eviktionsprinzip)、奧地利民法及德國民法採日耳曼法之使買受人取得權利原則 (das Verschaffungsprinzip)，而瑞士債法則兼採上述二項原則。然而，時移勢異，歐盟為整合其會員國之法律，於 1999 年 5 月 25 日下達 1999 年第 44 號指令，要求各會員國依其指導方針修法，於是歐陸各國之民法又有逐漸統一之趨勢。德國民法於 2002 年 1 月 1 日修正，其新民法第 433 條第 1 項第二句規定：「出賣人使買受人取得之物，應免於物之瑕疵及權利瑕疵。」易言之，出賣人應負無「權利瑕疵及物之瑕疵」之給付義務。買賣標的物之權利瑕疵或物之瑕疵，成為債務不履行之問題，出賣人原則上係負過失責任，而不再是傳統法學所謂之無過失責任。法律是活的，不斷地成長，並與時俱進，而非一成不變；且我國民法採德國立法例者，十之六七，瑞士立法例者，十之三四，而法、日、蘇聯之成規，亦嘗擷取一、二，集現代各國民法之精華（梅仲協，《民法要義》初版序），而因德、瑞、法、日、蘇聯之規定未

必相同，遂益增現行民法解釋適用之困難。筆者雖盡力蒐集羅馬法及歐陸各國民法之相關資料，以期探尋買賣法之發展軌跡，妥適詮釋我國買賣法之規定，希望有助讀者瞭解買賣法之來龍去脈，然囿於時間壓力及學殖不深，疏誤難免，或因思慮欠周，難期悉皆允當，尚祈法學先進，不吝賜教，無任感禱。

本書能順利付梓，筆者由衷感謝世新大學法學院段院長重民、鄭前任院長中人及其他老師，給予我在翠谷讀書及寫作的機會。此外，世新大學法律學研究所阮彥哲、鄭涵文同學幫我打字，中文系張耀文同學幫我校稿潤飾，亦在此併致謝忱。

陳添輝　2006 年 10 月 10 日
於世新大學法學院 815 研究室

目次

民法系列——買賣

第一章　買賣契約的概念

問題之提出

　　小華剛考上某大學法律系，興沖沖地跑到三民書局，買了一本《六法全書》，付清款項，隨即將該《六法全書》帶走。請問小華與三民書局訂立幾個契約？

　　買賣契約屬於民法的範疇，而我國民法主要繼受自德國民法、瑞士民法及其他先進國家的民法；其中德國民法及瑞士民法又繼受自羅馬法。因此，本書乃從羅馬法著手，並同時分析比較德國民法、瑞士民法及其他先進國家的民法，希望藉此讓讀者對買賣契約能有比較深入的瞭解。

壹、羅馬法上買賣契約概念的沿革

　　於早期社會，尚未出現貨幣之時，人類的交易，應為以物易物。此時，互易是要物契約，與我國民法現在規定互易為諾成契約者，有所不同。互易制度，在交易上很不方便，亦非常不經濟，造成交易成本過高。例如：小華想要擁有一本書，必須將家中養的雞、鴨帶到市場上去交換，但若對方不要雞鴨，交易不成，他還必須將雞、鴨帶回家。後來，人類發明了貨幣，懂得使用貨幣來衡量一切物品的交換價值，從而才有所謂的買賣制度出現。因此，互易制度可謂是買賣制度的前身❶。

　　羅馬與世界各地一樣，他們所訂立的買賣契約 (emptio venditio)，最初都是現實買賣 (Barkauf, Handkauf)，也就是「一手交錢，一手交貨」銀貨兩訖的買賣契約；用現代的法律語言來說，也就是締結買賣契約之時，買受人與出賣人雙方同時履行他們的給付義務，易言之，在買賣契約有效成立之際，買受人即取得買賣標的物的所有權，而出賣人也同時取得買賣價金的所有權，亦使買賣契約所成立的債之關係，在成立時就馬上歸於消滅。舉一個例子以明之，買受人於訂立買賣契約時，必須將買賣價金（As 羅馬

---

❶　Kaser, *Römisches Privatrecht*, 11 Auflage, 1979, S. 169.

人的貨幣單位)實際交給持秤者 (libripens)，在一個持秤者及五個證人面前，買受人抓著買賣標的物 (res mancipi)❷，說：「我主張這個買賣標的物（例如奴隸），依羅馬人的法律，歸我所有。以這個銅製的秤及這些銅幣，這個奴隸應為我所購得。」對於買受人的主張，出賣人保持沈默，並且拿走持秤者所秤的買賣價金。上面所舉的例子，就是羅馬法上所規定的 mancipatio 買賣，也就是在締結買賣契約時，買賣標的物與買賣價金同時互相交換的現實買賣。

　　後來，買受人雖然需要買賣標的物，但卻沒有買賣價金，於是與出賣人商量，是否可以賒欠。在出賣人同意買受人賒欠時，買受人就與出賣人訂立賒欠的約定 (eine Stundungsabrede)，依此約定，買受人可以先取得買賣標的物，後支付買賣價金。這種買賣，不再是現實買賣，而是信用買賣 (Kreditkauf)。在訂立現實買賣契約時，買受人必須將銅幣實際交給持秤者去秤；但在訂立信用買賣契約時，就不再秤買賣價金，而是由買受人以銅幣敲擊秤，作為象徵性的支付買賣價金 (mancipatio nummo uno)。買受人應支付買賣價金，但卻未實際支付，於是買受人與出賣人間即存在著債權債務關係，換言之，買受人負有支付買賣價金的義務。因賒欠的約定，買受人不須在訂立買賣契約時支付買賣價金，而是嗣後才須實際支付買賣價金。漸漸地，買受人雖然現在不需要某項物品，但預期將來需要某項物品，為確保自己將來的需求，先與出賣人訂立買賣契約，約定出賣人於訂約後一定期間始行提出給付。因此，出賣人也不在訂立買賣契約時，給付買賣標的物。這種買賣契約，不再是現實買賣 (Barkauf)，而是將來給付的買賣 (Kauf mit künftiger Leistung)。

　　值得注意的是，mancipatio 原本是指現實買賣，但因買賣契約的概念，由「現實買賣」變更為「將來給付的買賣」，故 mancipatio 不再具有現實買賣的意義，而變成移轉買賣標的物所有權的行為。法學家於是區別買賣契

---

❷　所謂 res mancipi，乃指羅馬時代在義大利境內的不動產（包括土地、建築物）及其他役權、奴隸、某些拖運的動物，如牛、馬、騾，這些是古代最重要的農業生產工具及衡量羅馬市民財產的基礎。

約與 mancipatio：前者是負擔行為 (Verpflichtungsgeschäft)，買賣契約有效成立後，買受人負有支付約定金額之義務，出賣人負有交付買賣標的物之義務，但買賣價金及買賣標的物之所有權，並不因買賣契約有效成立而自動移轉；後者是處分行為 (Verfügungsgeschäft)，買受人因 mancipatio 取得買賣標的物所有權❸。於是，買賣契約就與所有權之移轉分離，成為分別不同的行為。mancipatio 不但與買賣契約分離，而且是具有「無因性」的處分行為，即使買賣契約等負擔行為無效，亦得以 mancipatio 有效地移轉所有權❹。

在西元前第二世紀，承認諾成買賣契約的制度 (Konsensualkauf)，換言之，買受人與出賣人祇要互相表示意思一致，買賣契約即有效成立，買受人就有支付約定金額的義務，而出賣人即有交付買賣標的物之義務。但雖如此，現實買賣制度並未絕跡，尤其在日常生活用品之交易，最常使用現實買賣。在羅馬後古典時期，因經濟蕭條，社會大眾普遍彼此互相不信任，故現實買賣制度又回到主流的地位。

貳、從法律比較的觀點，探討買賣契約的概念

羅馬法關於所有權的移轉，有三種模式，即 mancipatio、in iure cessio（於法院護民官面前移轉所有權）及 traditio（交付，係不要式的所有權移轉行為）；採無因性理論的 mancipatio 及 in iure cessio 自古典時期起（西元第一世紀至第三世紀）逐漸失去影響力，最後為優士丁尼大帝所廢除。羅馬法關於所有權移轉的模式，祇剩下 traditio 一種。買賣契約與 traditio 的關係，有戲劇性的變化。在早期社會及經濟危機時期的社會，買賣契約本身，不但是債法上原因關係，而且同時也是物權法上所有權移轉的行為，近乎現實買賣，traditio 祇不過是事實上的交付行為而已。反之，在羅馬帝國經濟穩定國力昌隆時，買賣契約祇是所有權移轉的原因關係而已，traditio 才是

---

❸ Hausmaninger/Selb, *Römisches Privatrecht*, 2. Verbesserte Auflage, 1983, S. 202.

❹ Hausmaninger/Selb, aaO, S. 202f., 280f.; Kaser, aaO, S. 100f., S. 168.; Wieling, Das Abstraktionsprinzip für Europa! ZEuP 2001, S. 301.

所有權移轉的行為。歐陸各國雖然受到羅馬法的影響，但卻各自發展出不同的買賣契約概念，試舉法國、奧地利、德國、瑞士為例說明之：

一、　法國民法（1804 年）

法國民法第 1582 條規定：「買賣是一種契約，依契約，一方對他方負有交付標的物之義務，他方負有支付買賣價金之義務。」同法第 1583 條規定：「買賣契約當事人就買賣標的物及買賣價金互相表示意思一致時，買賣契約成立，買受人即取得買賣標的物之所有權，不以出賣人交付買賣標的物或買受人支付買賣價金為要件。」同法第 1603 條規定：「出賣人負有交付買賣標的物於買受人，並就買賣標的物負有擔保之義務。」

依照法國民法上開規定，買賣契約是債權契約，不但使買受人及出賣人負有義務 (§1582)，而且該債權契約具有移轉所有權之物權效力，祇要買賣契約當事人就買賣標的物及買賣價金互相表示意思一致，縱使出賣人尚未交付買賣標的物，買受人尚未支付買賣價金，亦足以發生買賣標的物所有權移轉之效果 (§1583, La propriété se transfére par simple consentement)。因此，在法國民法上，買賣契約與買賣標的物所有權之移轉是合一的。從此觀之，法國民法應不承認獨立的、移轉所有權的物權契約概念❺。

二、　奧地利民法（1811 年）

奧地利民法第 1053 條規定：「所謂買賣契約，係指將某物讓與他人，而獲取一定金額的契約。買賣契約如同互易契約，係屬於取得所有權的名義。出賣人交付買賣標的物於買受人時，買受人始取得該物之所有權。買賣標的物交付前，出賣人仍保留所有權。」同法第 1061 條規定：「出賣人於交付買賣標的物前，應負謹慎保管之義務，並應依第 1047 條有關互易之規定交付買賣標的物於買受人。」同法第 1062 條規定：「買受人應立即或在所

---

❺ Wieacker, *Privatrechtsgeschichte der Neuzeit*, 2 neubearbeitete Auflage, 1967, S. 238; 曾品傑，〈論法國民法上之物權變動〉，載：《「兩岸法制及比較物權法」學術研討會論文集》，2005 年 11 月 26 日發表，第 25 頁。

約定之時期受領買賣標的物，並於受領買賣標的物之同時，支付買賣價金，買受人違反上開規定時，出賣人有權拒絕交付買賣標的物。」同法第 425 條規定：「僅法律上名義本身，尚未移轉所有權。除法律有特別規定外，所有權及所有其他物權，僅能以合法的交付及受領而取得。」同法第 380 條規定：「無法律上名義及無合法的取得方式，不能取得所有權。」

依照奧地利民法上開規定，買賣契約祇是用以取得所有權的法律上名義，換句話說，買賣契約只是負擔行為（債權契約），使出賣人負交付買賣標的物於買受人，並使其取得該物所有權之義務；使買受人負有於受領買賣標的物之同時給付約定金額的義務。因此，在出賣人交付買賣標的物之前，買受人並未取得該物所有權。同理，在買受人交付約定金額之前，出賣人並未取得買賣價金之所有權。出賣人交付買賣標的物於買受人時，買受人始取得該物之所有權。相同地，買受人交付買賣價金於出賣人時，出賣人亦才取得買賣價金之所有權。依奧地利民法立法者之意見，交付祇是履行買賣契約等原因行為之事實行為❻。但依今日奧地利學者通說，交付或登記則是物權行為❼，因此，買賣契約與所有權之移轉，是分離的，是本質不同的行為。此外，奧地利民法使所有權之移轉，依附於法律上名義（例如買賣契約），亦即買賣契約無效或被撤銷，所有權便不發生移轉之效果，我們稱為有因性的所有權移轉 (eine kausale Übereignung)。

三、 德國民法（舊法 1900 年，新法 2002 年）

德國新民法第 433 條規定：「物之出賣人，因買賣契約而負交付買賣標的物於買受人，並使其取得該物所有權之義務。出賣人使買受人取得之買

---

❻ Gschnitzer, *Allgemeiner Teil des bürgerlichen Rechts*, zweite neubearbeitete Auflage, 1992, S. 483.; Bydlinski, *Die rechtsgeschäftlichen Voraussetzungen der Eigentumsübertragung Nach österreichischem Recht*, in: Festschrift für KARL LARENZ zum 70, Geburtstag, 1973, S. 1028f.

❼ Koziol/Welser, *Bürgerliches Recht*, Band I, Allgemeiner Teil, Sachenrecht, Familienrecht, 12 Auflage, 2001, S. 276.

賣標的物，並應免於物之瑕疵或權利瑕疵。買受人負有支付約定之買賣價金於出賣人，並受領買賣標的物之義務。」因此，買賣契約是債權契約或負擔行為。買賣契約有效成立，出賣人與買受人之間即產生買賣關係；買賣關係是債之關係，僅使出賣人與買受人互負義務，也就是使出賣人負交付買賣標的物於買受人，並使其取得該物所有權之義務；另使買受人負支付約定之買賣價金及受領買賣標的物之義務。出賣人並不因訂立買賣契約，而取得買賣價金之所有權，當然亦未失去買賣標的物之所有權；相同地，買受人也不因訂立買賣契約，而取得買賣標的物之所有權，當然亦未失去買賣價金之所有權。簡言之，買賣契約本身並未變更買賣標的物及買賣價金之所有權歸屬狀態。買受人要取得買賣標的物之所有權，必須另外與出賣人就買賣標的物所有權之移轉達成合意，且須加上交付（動產）或登記（不動產）。出賣人要取得買賣價金之所有權，必須另外與買受人就買賣價金所有權之移轉達成合意，且加上交付。此所有權移轉合意，與買賣契約不同，我們稱之為處分行為或物權契約。物權契約係從債權契約抽離出來，而成為另一個獨立之契約，我們稱其為物權契約之獨立性。買賣契約（債權契約）與所有權移轉契約（物權契約），兩個契約不但形式上分離，而且效力上互不影響。所有權移轉契約的效力，並不因買賣契約無效或被撤銷而受影響，我們稱之為物權契約的無因性或抽象性。此外，動產的交付或不動產的登記，德國學者將其定位為事實行為❽。

四、 🇨🇭 瑞士債法（舊債法 1883 年，新債法 1912 年）

瑞士債法第 184 條規定：「⑴出賣人因買賣契約而負交付買賣標的物於買受人，並使其取得該物所有權之義務；買受人則因買賣契約而對出賣人負有支付買賣價金之義務。⑵除契約另有訂定或另有習慣外，買受人與出賣人負同時履行給付之義務。⑶買賣價金依情形可得而定者，視為定有價

---

❽ Baur/Baur/Stürner, *Lehrbuch des Sachenrechts*, 16 neubearbeitete Auflage, 1992, S. 495; Gerhardt, *Mobiliarsachenrecht*, 5 neubearbeitete und erweiterete Auflage, 2000, S. 91.

金。」瑞士債法第 184 條關於買賣契約的規定，與德國民法第 433 條關於買賣契約的規定相當接近；因此，在瑞士債法，買賣契約也是債權契約或負擔行為。但瑞士就所有權之移轉，係採有因性說，因此，買賣契約無效或被撤銷時，買賣標的物之所有權並不移轉，買賣標的物之所有權仍歸出賣人所有，此與德國民法的規定有所不同❾。

參、我國民法的規定

民法第 345 條規定：「稱買賣者，謂當事人約定一方移轉財產權於他方，他方支付價金之契約。當事人就標的物及其價金互相同意時，買賣契約即為成立。」第 348 條規定：「物之出賣人，負交付其物於買受人，並使其取得該物所有權之義務。權利之出賣人，負使買受人取得其權利之義務，如因其權利而得占有一定之物者，並負交付其物之義務。」第 367 條規定：「買受人對於出賣人，有交付約定價金及受領標的物之義務。」從上開規定，可知我國民法所規定買賣契約的概念如下：

一、買賣契約是雙務契約

㈠所謂雙務契約，係指契約有效成立後，各當事人互負對價關係債務的契約。所謂片務契約（又稱單務契約），係指契約有效成立後，僅由當事人一方負擔債務，或當事人雙方互負之債務並無對價關係的契約。雙務契約及片務契約的區別，係從契約有效成立後，雙方是否負對價關係債務的角度觀察。

㈡買賣契約是買受人與出賣人相互約定，出賣人移轉財產權於買受人，買受人支付價金的契約（第 345 條第 1 項）。因為祇是「約定」，故買賣契

---

❾　Haab/Simonius/Scherrer/Zobl, *Das Sachenrecht*, Erste Abteilung, Eigentum, Art. 641 bis 729, Kommentar zum Schweizerischen Zivilgesetzbuch, 1977, S. 650ff.; Meier-Hayoz/Liver, *Sachenrecht, Schweizerisches Privatrecht*, fünter Band, Erster Halbband, 1977, S. 321.; 陳添輝，〈物權行為無因性原則〉，載《政大法學評論》第 88 期，2005 年 12 月出刊，第 82 頁以下。

約有效成立時，僅發生出賣人負第 348 條所規定的義務，而買受人負第 367 條所規定的義務。易言之，買賣契約有效成立，祇是使出賣人與買受人互負給付的義務，買賣標的及買賣價金之所有權並未因而移轉。基上所述，我國民法所規定的買賣契約，並不是「現實買賣」，而且不具有移轉所有權之物權效力，與法國民法第 1583 條之規定不同。

㈢買受人之所以願意負第 367 條所規定的義務，係因出賣人也負第 348 條所規定的義務。反之，出賣人之所以願意負第 348 條所規定的義務，係因買受人亦負第 367 條所規定的義務。這種義務的交換關係，我們稱為雙務關係 (synallagmatisch)，此種契約，我們稱為雙務契約 (Synallagma)。

㈣買受人有支付買賣價金的義務，用以換取出賣人有交付買賣標的物並移轉買賣標的物所有權的義務；這種交換關係，乃所謂對價關係。然買賣價金應需多少數額，始符合對價關係？依私法自治契約自由原則，基本上完全由買受人及出賣人共同自由決定，換句話說，出賣人主觀上認為買受人所支付的買賣價金可以換取自己的買賣標的，而買受人主觀上也認為出賣人的買賣標的值得自己以一定金額去換取，這樣就是對價關係。至於買賣價金及買賣標的在客觀上是否等價，在所不論❿。

㈤因買賣契約是雙務契約，故得適用民法第 264 條至第 267 條之規定⓫；其中，民法第 264 條同時履行抗辯的規定，顯示買受人及出賣人在

---

❿　有些國家規定禁止損失過半的原則 (das Verbot der laesio enormis)，即認為任何事物均有特定的公正價格 (iustum pretium)，買受人及出賣人約定的買賣價金，如果低於公正價格的一半時，出賣人得歸還買賣價金，請求買受人返還買賣標的，寓有管制經濟的意思，例如法國民法第 1674 條規定：「出賣人因買賣顯失公平，價格過低，因此受到的損失超過不動產價款的十二分之七時，有取消該不動產買賣的請求權⋯⋯。」

⓫　請參照鄭玉波，《民法債編各論上冊》，民國 62 年 8 月三版，第 12 頁；林誠二，《民法債編各論上冊》，2003 年 7 月修訂二版，第 81 頁。雙務契約固為有償契約，但有償契約未必盡皆雙務契約；例如附利息之消費借貸，是有償契約，但同時也是片務契約，參照黃立／蘇惠卿，《民法債編各論（上）》，2004 年 2 月初版第二刷，第 531 頁；鄭玉波／陳榮隆，《民法債編總論》，民國 91 年 6

債務履行方面，也處於對等的地位。

二、買賣契約是有償契約

(一)所謂有償契約，係指各當事人互為對價關係之給付的契約。所謂無償契約，係指當事人一方為給付，他方對之並無為對價關係之給付的契約。有償契約及無償契約的區別，係從「給付」的角度觀察；雙務契約及單務契約的區別，係從「負擔債務」的角度切入。雙務契約一定是有償契約，如買賣、互易、租賃；但有償契約未必是雙務契約，如附利息之消費借貸，是有償契約，但卻為單務契約。

(二)買賣契約有效成立後，不但使出賣人應為「交付買賣標的物，並移轉買賣標的物所有權於買受人」的給付，而且使買受人應為「交付約定價金」的給付，故買賣契約不但是雙務契約，同時也是有償契約。民法第 347 條規定：「本節規定，於買賣契約以外之有償契約準用之。但為其契約性質所不許者，不在此限。」可見買賣契約不僅是有償契約，而且是典型的有償契約；凡屬有償契約，不管係有名契約或無名契約，不論雙務契約抑或單務契約，均得準用買賣的規定（主要指瑕疵責任及危險負擔的規定）。雖屬有償契約，但其性質所不許者，仍不得準用買賣的規定，例如：勞務契約，保險契約。

三、買賣契約是債權契約（負擔行為）

(一)所謂債權契約（負擔行為），係指使當事人一方或雙方對於他方負給付義務的契約（法律行為）；換言之，係使當事人之一方或雙方取得請求他方給付的債權的契約（法律行為）。所謂物權契約（處分行為），乃係指直接使財產權發生取得、設定、喪失或變更效果的契約（法律行為）。債權契

月修訂二版，第 39 頁。附利息之消費借貸，雖為有償契約，但因是片務契約，故無法主張同時履行抗辯。因此，主張「有償契約」得適用與同時履行抗辯有關的規定者，請參照黃茂榮，《買賣法》，2002 年 5 月增訂第五版，第 109 頁，與本書見解不同。

約及物權契約之區別，最主要在於契約的法律效果。

㈡買賣契約有效成立，祇是使買受人及出賣人取得請求對方給付的債權，買賣價金及買賣標的之所有權並未隨之移轉，故買賣契約是債權契約，僅具有債權的效力 ❷，並不具有移轉所有權之物權效力。因此，在下列情形應特別注意：

1. 於買賣契約成立時，尚未存在之物或權利（將來之物，如將製造之商品；將來之權利，如將被審定之專利權），亦得為買賣標的 ❸。

2. 於買賣契約成立時，買賣標的不以特定為必要，但須可得而定，如種類物之買賣。

3. 出賣人於訂立買賣契約時，對於買賣標的不必具有處分權。例如，出賣他人之物，並非無權處分，其買賣契約仍屬有效，不因出賣人對於買賣標的無處分權而受影響 ❹。

4. 一物二賣，二個買賣契約均屬有效（債權無排他效力）；而且二個買賣契約，不論成立之先後，其效力相同（債權無優先效力）。

㈢買賣契約（債權契約）及所有權移轉契約（物權契約），是不同的契

---

❷　買賣契約僅有債之效力，不得以之對抗契約以外之第三人（72 臺上 938，83 臺上 3243）。

❸　鄭玉波，《民法債編各論上冊》，第 7 頁。

❹　請參照大理院 3 年上字第 45 號判例：「他人所有物之買賣，在債權法上仍屬有效。」最高法院 37 年上字第 7645 號判例：「買賣契約與移轉所有權之契約不同，出賣人對於出賣之標的物不以有處分權為必要。」反之，在法國民法，買賣契約雖亦屬債權契約（第 1582 條），但依法國民法第 1583 條規定，買賣契約有效成立，買賣標的物之所有權立即移轉於買受人；換句話說，法國民法雖認買賣契約是債權契約，但該債權契約卻具有移轉所有權的物權效力。故依法國民法之規定，出賣人於訂立買賣契約時，對於買賣標的物應有處分權。否則，依同法第 1599 條之規定，出賣他人之物，無效。因此，在我國民法，出賣他人之物，買賣契約仍屬有效，其原因在於，買賣契約不具有移轉所有權之物權效力。坊間教科書認為，出賣他人之物，買賣契約有效，係因買賣契約具有債權契約性質云云，並不精確。

約，兩者不但形式上分離，而且效力上互不影響，這種物權行為獨立性與無因性原則，不足以說明買賣契約何以是債權契約。法國民法就買賣標的物所有權之移轉，係採用純粹意思合致原則，不採用德國民法的物權行為無因性原則，甚至根本就不承認物權行為獨立存在，但卻認為買賣契約是債權契約（法國民法第 1582 條）。此外，奧地利民法、瑞士民法均不採用物權行為無因性理論，但卻均認為買賣契約是債權契約。因此，買賣契約之所以是債權契約的理由，不是因為物權行為無因性❶。本文認為，在「一手交錢，一手交貨」銀貨兩訖的現實買賣，因買受人及出賣人雙方均於訂立買賣契約之同時，履行他們的給付義務，故買賣契約所成立的債權債務關係，於成立時，馬上歸於消滅，幾乎使人無法察覺買受人及出賣人互負給付義務的關係存在。因此，在現實買賣中，因買受人與出賣人互不相欠，故而買賣契約為債權契約的性質，並不顯著。祇有在信用買賣、將來給付的買賣，因買受人或出賣人並未於訂立買賣契約時，履行他們的給付義務，從而產生債權債務關係，此為買賣契約之所以是債權契約的理由。

四、買賣契約是要因契約

㈠法律行為是「要因」，抑或是「不要因」，這個問題，通常僅於法律行為是「給與行為」(Zuwendung) 時才會發生。所謂給與行為，係指某人給與他人「權利」或「其他財產法上利益」的法律行為，可能是處分行為，例如：所有權移轉之行為、債務免除行為；亦可能是負擔行為，例如：買賣契約使買受人取得向出賣人請求交付買賣標的物及移轉該物所有權的債權，並使出賣人取得向買受人請求支付買賣價金的債權。

㈡然而，什麼是原因？原因，就是目的，有從經濟目的著眼，認為出賣人以取得價金為目的，買受人以取得財產權為目的，雙方必須有此目的，買賣契約始能生效，若雙方或一方欠缺其目的，則買賣契約無效，故買賣契約是要因契約❶。一個人給與他人權利或其他財產上利益，通常不會沒

---

❶ 不同見解，請參照黃茂榮，前揭書，第 94 頁，認為買賣契約之債權性，可從「物權之無因性」和民法第 348 條之規範意旨，探求得之。

有原因的；問題在於，給與行為是否將原因當作法律行為的內容，並且以之作為法律行為的生效要件。要因行為將原因當作生效要件，不要因行為則不將原因當作生效要件。負擔行為及處分行為均有要因或不要因的問題，我國民法學者通說認為，負擔行為原則上是要因行為，例外是不要因行為；而處分行為原則上是不要因行為，例外情形得依當事人的意思成為要因行為❶❼。

　　或有人從法律目的著眼，認為買受人之所以願意負給付買賣價金的義務，其目的在於使出賣人因此而負交付買賣標的物並移轉買賣標的物所有權的義務；故出賣人負義務的法律效果，是買受人願意負義務的原因。反之，出賣人之所以願意負交付買賣標的物並移轉買賣標的物所有權的義務，其目的則在於使買受人負支付買賣價金的義務；故買受人負義務的法律效果，即出賣人願意負義務的原因。買賣契約本身應具有原因，而原因是契約內容的一部分。從買賣契約的原因，可以知悉買受人及出賣人訂立買賣契約的經濟目的，不需借助其他法律行為或法律關係。

　　㈢為什麼買賣契約（債權契約）需要原因？這個問題，我們可從反面思考，如果買賣契約不要原因，例如：買受人與出賣人約定，買受人有向出賣人支付一萬元的義務，但卻未將出賣人對買受人所負的義務列為買賣契約的內容，則該買賣契約不符合買賣契約的成立要件。其次，假設買賣契約可以「無因」，那麼縱使出賣人拒絕給付，買受人仍須支付買賣價金，因在採無因性的條件下，買受人負支付買賣價金的義務，但出賣人並不負給付之義務，因此買受人無法主張同時履行抗辯。這樣的法律效果，顯與買賣契約是雙務契約的本質不符。最後，買受人向出賣人購買違法或違反善良風俗的物品，該買賣契約依法應屬無效，但若採無因性，祇要不將違反善良風俗或違法的物品列為買賣契約的內容，該筆交易在法律上亦有效成立，買受人仍應支付買賣價金，顯有開啟當事人規避法律之疑慮❶❽。基

---

❶❻　鄭玉波，《民法債編各論上冊》，第 13 頁。

❶❼　鄭玉波，《民法總則》，第 216 頁。

❶❽　Koziol/Welser, aaO, S. 108.

於上述理由，買賣契約不宜為不要因契約，而應為要因契約。

五、買賣契約是不要式契約、不要物契約

所謂要式契約，係指契約須依一定方式為之，始能成立者；倘若不具備一定方式，則該契約即不成立或無效；例如：契約以負擔不動產物權之移轉、設定、變更之義務為標的者，應由公證人作成公證書（民法第 166 條之 1 第 1 項）、不動產物權之移轉或設定，應以書面為之（民法第 760 條）。所謂不要式契約，係指契約不依一定方式為之，亦能成立生效者而言；例如買賣契約。

所謂要物契約係指於意思表示之外，尚需實際交付標的物，契約始能成立者；倘未實際交付標的物，則該契約不成立或無效；例如：使用借貸契約（民法第 464 條）、消費借貸契約（民法第 474 條）及寄託契約（民法第 598 條）。所謂不要物契約，係指契約不以實際交付標的物為成立要件；例如：買賣契約。

如前所述，羅馬法所規定的 mancipatio 現實買賣，既為要式契約，又是要物契約。但買賣制度自「現實買賣」演進到「將來給付的買賣」後，買賣契約即轉為不要式契約及不要物契約。換句話說，買賣契約不以一定方式或實際交付買賣標的物為成立要件。須注意者，不動產價值昂貴，為確認當事人之真意，盡量避免差錯，我國民法於民國 88 年 4 月 21 日增訂第 166 條之 1，規定不動產買賣契約應由公證人作成公證書；換句話說，不動產買賣契約是要式契約。惟依民法債編施行法第 36 條第 2 項但書之規定，民法第 166 條之 1 施行日期，由行政院會同司法院另定之。因行政院尚未會同司法院訂定民法第 166 條之 1 之施行日期，故民法第 166 條之 1 迄今尚未施行。換句話說，不動產買賣契約雖未經公證，在目前仍能有效成立；惟將來民法第 166 條之 1 施行後，不動產買賣契約即為要式契約，祇有不動產以外之買賣契約仍為不要式契約。

解　析

一、現代民法所規定的買賣契約，並非建立在現實買賣的基礎上

現實買賣制度之特徵，在於㈠買受人要有「現金」，出賣人要有「現貨」，買賣契約始有可能成立。㈡買賣契約之訂立，與買賣契約之履行，同時進行。㈢債權債務關係成立時與消滅時，幾乎同時發生，在時間上難以區分。

雖然法國民法第 1583 條規定，買賣契約有效成立，買受人立即取得買賣標的物之所有權。但出賣人並未因買賣契約有效成立，而立即取得買賣價金之所有權。此外，法國民法第 1582 條規定：「買賣是一種契約，依契約，一方向他方負有交付標的物之義務，他方負有支付買賣價金之義務。」因此，縱使買受人沒有現金，亦得訂立買賣契約。故法國民法所規定的買賣契約，是債權契約，而不是「銀貨兩訖」的現實買賣。德國民法、奧地利民法、瑞士債法及我國民法所規定的買賣契約，祇是使買受人與出賣人互負給付的義務，故買受人沒有現金，出賣人沒有現貨，買賣契約亦可能有效成立；而買受人及出賣人不須於訂立買賣契約之同時，履行他們的給付義務，故因買賣契約成立的債權債務關係不必於買賣契約成立時立即消滅，因此亦非現實買賣。所以，現代民法所規定的買賣契約，並非建立在現實買賣的基礎上，與社會大眾就一般日常用品之現實買賣不同，誠值注意。

二、現實買賣之性質

現代民法所規定的買賣契約，並非建立在現實買賣的基礎上，已如上述。然而，現代民法如何理解現實買賣？現實買賣是不是買賣契約？這個問題，聽起來有些奇怪，因為既然是現實「買賣」，當然是買賣契約，又何必問呢？但是，自從買賣制度演進到「將來給付的買賣」後，現實買賣是否仍為買賣契約，在學說上，即有爭議，茲略述如後❶：

1.債權契約說　認為現實買賣是買賣契約，為債權契約，在買受人與出賣人間有債權債務關係存在。

2.物權契約說　認為現實買賣因未先成立買賣契約，而後履行，故現實買賣並非買賣契約，僅為一種物權契約。

3.債權契約與物權契約同時存在說　認為現實買賣在觀念上仍可分為債權契約與物權契約兩段，此兩種契約同時並行，同時存在。

4.債權的效力與物權的效力並存說　認為現實買賣仍屬一個契約，祇是同時發生債權的效果與物權的效果而已。

三、現實買賣並不等同於買賣契約，但包含買賣契約

所謂現實買賣，係指買受人與出賣人於訂立買賣契約之同時，雙方立即交換買賣標的物與買賣價金，例如某人在便利商店買一份報紙，付錢後，立即將報紙帶走。換言之，買受人與出賣人訂立買賣契約，此買賣契約使買受人與出賣人互負給付的義務，且雙方的給付義務因雙方立即履行而歸於消滅；雙方給付義務的產生，與雙方給付義務的履行，同時發生，在時間上顯難加以區別。因此，現實買賣在外觀上，雖然祇有買受人與出賣人雙方履行給付義務的物權行為，但在觀念上 (gedanklich)，仍有雙方因訂立買賣契約而互負給付義務的債權債務關係存在[20]。故所謂現實買賣應包括一個買賣契約（債權契約）及至少二個所有權移轉契約（買受人與出賣人所訂立的買賣標的物所有權移轉契約、買賣價金所有權移轉契約，兩者均屬物權契約）[21]，故採債權契約與物權契約同時存在說。此外，因物權法

---

[19]　敬請參閱鄭玉波，《民法債編各論》，第 13 頁；劉春堂，《民法債編各論（上）》，民國 92 年 8 月 20 日，第 20 頁。

[20]　史尚寬，《債法各論》，第 7 頁；Larenz, *Schuldrecht II*, *Lehrbuch des Schuldrechts*, zweiter Band, Besonderer Teil, l. Halband, 1986, S. 11; 但國內學者有認為現實買賣是買賣契約者，如鄭玉波，同註 19，第 13 頁；劉春堂，前揭書，第 21 頁；林誠二，前揭書，第 76 頁。

[21]　謝在全，《民法物權論上冊》，92 年 7 月修訂二版，第 98 頁；但曾世雄認為買

採用一物一權原則，故小華支付的買賣價金，如果不是一張紙鈔而是五張紙鈔，則移轉買賣價金所有權的契約即為五個契約，如與一個買賣契約，一個買賣標的物所有權移轉契約合計，則總共為七個契約。

肆、結　論

㈠買賣契約，觀諸世界各地最初皆為「一手交錢，一手交貨」銀貨兩訖的現實買賣；此時，買賣契約之訂立與買賣契約之履行乃同時進行，又因買賣契約所成立的債之關係，於買賣契約成立時立即消滅，故買賣契約是債權契約之性質並不明顯。

㈡買賣契約的概念，由「現實買賣」演進為「將來給付的買賣」後，買賣契約為債權契約之性質，才突顯出來。法國民法、奧地利民法、瑞士債法雖不採物權行為無因性原則，但卻一致認為買賣契約是債權契約，足證買賣契約具有債權契約之性質，並非源自物權行為無因性原則。

㈢我國民法所規定的買賣契約概念，是建立在「將來給付的買賣」之基礎上；而且，買賣契約與買賣標的物所有權之移轉分離。因此，買賣契約是雙務契約、有償契約、債權契約、要因契約、不要式契約、不要物契約，此與社會大眾就一般日常用品之現實買賣不同，誠須注意。

㈣因此，現實買賣應包括一個買賣契約（債權契約）及至少二個所有權移轉契約（買賣標的物所有權移轉契約，及買賣價金所有權移轉契約，兩者均屬物權契約）。

賣價金及買賣標的物所有權之移轉，是單獨行為，敬請參閱氏著，《民法總則之現在與未來》，2002 年 10 月一版再刷，第 192 頁。

第二章　買賣契約的意義

壹、羅馬法上買賣契約的意義

貳、我國民法的規定

一、買賣契約是使出賣人負移轉財產權義務之契約

二、買賣契約是使買受人負支付約定價金義務之契約

三、買賣契約是債權行為，原則上僅具有債權的效力，不具有移轉所有權之物權效力

參、結　論

問題之提出

　　甲於民國（下同）70 年 1 月 1 日與乙訂立買賣契約，將其所有之一塊土地賣給乙，並於訂約之同時，將土地交付於乙；乙亦於訂約之同時，付清買賣價金新臺幣（下同）二千萬元；惟雙方一直未辦理土地所有權移轉登記。甲於 85 年 7 月 7 日去世，甲之唯一繼承人丙於 85 年 8 月 8 日辦理繼承登記，發現甲名下有一塊土地，目前為乙占有、使用、收益，於是根據民法第 767 條之規定，請求乙返還所有物，但發生下列爭論，請問何人之主張有理由？

　　㈠乙主張其占有系爭土地，係因丙之父甲基於買賣契約所為之交付，故屬有權占有，而非無權占有，丙之請求無理由。

　　㈡丙主張其父甲固然將系爭土地出賣於乙，但從訂立買賣契約迄今，已超過十五年，根據民法第 125 條之規定，乙本於買賣契約所取得之所有權移轉登記請求權及占有移轉請求權，均已罹於時效消滅，故乙之占有欠缺正當權源。

　　㈢假設丙將同一塊土地賣給丁，並移轉所有權登記於丁，由丁起訴請求乙返還所有物，是否有理由？

壹、羅馬法上買賣契約的意義

　　㈠在自給自足的社會，食衣住行育樂完全端靠自己處理，不但極為辛苦，而且因為缺乏分工，所以無法戮力專精，導致社會發展非常緩慢。而後產生互易制度，以物易物，促使人類開始分工合作，專業知識經驗慢慢累積，社會發展較為快速，但以物易物，非常不方便，且交易成本很高。待發明了貨幣（金錢），人類才有買賣制度，因為買賣是金錢與貨物的交換。誠如前述，人類的買賣制度，最初都是「一手交錢，一手交貨」銀貨兩訖的現實買賣。在現實買賣制度下，買受人要有現金，出賣人要有現貨，買

賣才可能成交。這樣的制度，雖然簡單明確，但無法滿足社會各種不同的需求；例如：買受人現在雖無現金，但預期一個月後會有收入，出賣人也願意讓買受人賒欠，但在現實買賣制度下，卻無法成立買賣契約。故基於社會的需求，逐漸發展出「將來給付的買賣」制度，使人類擁有更多的自由，可以安排設計他們的權利義務關係。

　　㈡買賣制度，從「現實」的買賣制度發展為「將來給付」的買賣制度，表示買賣契約不再是要物契約 (Realkontrakt)，而後來也不再是要式契約（litteralkontrakt 或 Verbalkontrakt），而是諾成契約 (Konsensualkontrakt)。因為從此以後祇要買受人與出賣人互相表示意思一致，在買受人與出賣人之間，即成立買賣關係，也就是債之關係；買賣契約訂立時，既不須為物之即時交付，亦不須一定之方式，更不須以言語主張：「這個買賣標的，依羅馬人的法律，歸我所有……」。

　　㈢在信用買賣，出賣人先將買賣標的交付於買受人，買受人嗣後才須支付買賣價金。因此，出賣人須對買受人有所信賴 (fides)，信賴買受人將來有支付買賣價金的能力及意願。但是萬一買受人將來沒有支付買賣價金的能力或意願時，出賣人豈不受損？為保護出賣人的信賴及降低其風險，買受人（債務人）本身於信用買賣契約訂立時，應到出賣人（債權人）的家裡當人質，即所謂的債奴 (Schuldknechtschaft)，直到買受人清償債務，才能重獲自由。羅馬法學家稱債務之清償為 solvere，意即從債權人權力關係下解放或鬆綁。換言之，此時期係以拘束人身之方式，間接強制債務人清償債務，債務人為自己重獲自由之利益，應履行給付義務。

　　自從承認債權債務關係以後，僅於債務清償期屆至，而債務人不自動履行給付義務時，債權人始能拘束債務人之人身，後來漸次發展為僅拘束債務人之財產。所以，債務人之人身及財產，其意義在於為債務人之債務負責；債務不履行的結果，就是要負責任 (Die Haftung ist die Folge der Nichterfüllung)。換言之，從此以後，係以法院訴訟之方式，直接強制債務人清償債務❶。

---

❶　Hausmaninger/Selb, aaO, S. 244f.; Kaser, aaO, S. 131f.

假設上述二種方法均行不通，則出賣人祇能請求返還自己已提出之給付。因為希望取得買受人之對待給付，出賣人才提出自己之給付，現在買受人不提出對待給付，出賣人祇好依不當得利之規定請求買受人返還自己所提出之給付 (condictio causa data causa non secuta)❷。

㈣所謂買賣 (emptio venditio)，即買賣標的與買賣價金之交換。買賣標的，原係指有體物，後來泛指所有具有財產價值之法益，包括有體物上之權利及各種權利，後來甚至包括對特定人之債權❸。

貳、我國民法的規定

民法第 345 條第 1 項規定:「稱買賣者，謂當事人約定一方移轉財產權於他方，他方支付價金之契約。」同法第 348 條規定:「物之出賣人，負交付其物於買受人，並使其取得該物所有權之義務。權利之出賣人，負使買受人取得其權利之義務。如因其權利而得占有一定之物者，並負交付其物之義務。」同法第 367 條規定:「買受人對於出賣人，有交付約定價金及受領標的物之義務。」從上述規定，可知買賣是契約，買賣契約之權利主體是買受人與出賣人，買賣契約之權利客體是買賣標的與買賣價金;而買賣契約有效成立後，其法律效果僅使買受人及出賣人互負給付之義務，並未使買賣標的及買賣價金之權利發生移轉之效果。因此，我國民法所規定之買賣契約，係「將來給付之買賣」，而非「現實買賣」。買賣契約的意義，析述如下:

一、買賣契約是使出賣人負移轉財產權義務之契約

買賣契約是使出賣人負移轉財產權義務之契約，何謂「財產權」? 何謂

---

❷ Kaser, aaO, S. 196; Hausmaninger / Selb, aa0, S. 281, 326; 若依我國民法之規定，則不得依不當得利之規定請求返還，蓋雙方間仍有買賣契約關係存在;而是應先依民法第 254 條之規定解除買賣契約，才能依民法第 259 條之規定，請求買受人返還所受領之給付物。

❸ Hausmaninger/Selb, aaO, S. 280.

「移轉」? 說明如下:

㈠財產權

1.所謂財產權，通説認為係具有經濟利益，而得為交易標的之法益❹，包括民法第 348 條所規定之物及權利，但不以此為限，表述詳見下頁。

2.應注意者，有下列數點:

⑴違章建築物: 所謂違章建築物，係指未依建築法之規定，申請建造執照或使用執照，而擅自建造、使用之建築物❺。違章建築物之起造人，因未取得建造執照，故依建築法第 71 條第 1 項第 1 款之規定，無法申請使用執照❻；因未取得使用執照，故依土地登記規則第 79 條第 1 項之規定，無法申請建物所有權第一次登記❼；因未辦理建物所有權第一次登記，故無法辦理所有權移轉登記。違章建築物屬於不動產（民法第 66 條第 1 項），其依法律行為而取得者，非經登記，不生效力（民法第 758 條）。因此，違章建築物之出賣人，因為無法辦理所有權移轉登記，故無法使買受人取得違章建築物之所有權。

以違章建築物為買賣標的者，理論上應認係以自始客觀不能之給付為契約標的，買賣契約為無效（民法第 246 條第 1 項前段）。但我國學說判例卻認為違章建築物得為買賣之標的，買賣契約為有效，理由是買賣契約當事人於訂立買賣契約時，已預期土地登記規則將有所修改，並於准許違章

---

❹ 邱聰智，《新訂債法各論（上）》，2002 年 10 月出版，第 59 頁；林誠二，前揭書，第 76 頁；劉春堂，前揭書，第 5 頁。

❺ 建築法第 25 條第 1 項規定：「建築物非經申請直轄市、縣（市）（局）主管建築機關之審查許可並發給執照，不得擅自建造或使用。」違章建築處理辦法第 2 條規定：「本辦法所稱之違章建築，為建築法適用地區內，依法應申請當地主管建築機關之審查許可並發給執照，方能建築，而擅自建築之建築物。」

❻ 建築法第 71 條第 1 項第 1 款規定：「申請使用執照，應備具申請書並檢附原領之建造執照。」

❼ 土地登記規則第 79 條第 1 項規定：「申請建物所有權第一次登記，應提出使用執照。」

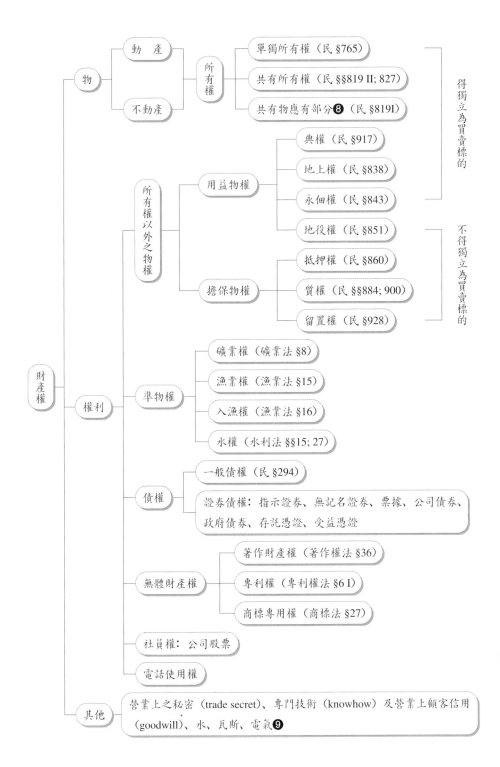

建築物辦理建物所有權第一次登記後，辦理所有權移轉登記，即根據民法第 246 條第 1 項但書之規定，解釋違章建築物之買賣契約為有效❿。

　　⑵受法律支配之自然力：例如水、瓦斯、電力，亦得為買賣之標的⓫。蓋買賣標的，最初固以有體物 (körperliche Sachen) 為限；但現代的民法，則認為凡具有財產價值之法益 (alle verwertbaren Güter) 均得為買賣標的，例如：地上權、永佃權等在不動產上設定之用益物權，及礦業權、漁業權等準物權，甚至對特定人的債權亦屬之⓬。因此，現代民法認為買賣標的不以有體物為限，水、電力、瓦斯均得為買賣之標的。

　　⑶觀念上的商業價值：例如：某公司享有良好的商譽，並與其顧客保持良好的關係，這種營業上的顧客信用 (goodwill)，以及營業上的秘密 (trade secret)、專門技術 (knowhow)，也可以作為買賣標的⓭。

---

❽　Guhl/Koller, *Das schweizerische Obligationenrecht*, neunte Auflage, Zürich, 2000, S. 339.

❾　林誠二，前揭書，第 102 頁；Guhl/Koller, aaO, S. 339；但有些學者認為業務上之秘密及營業上之顧客信用，不得為買賣之標的，例如鄭玉波，《民法債編各論上冊》，第 7 頁；邱聰智，前揭書，第 60 頁。

❿　邱聰智，前揭書，第 62 頁。

⓫　相同見解，請參閱邱聰智，前揭書，第 60 頁以下；Guhl/Koller, aaO, S. 339；Schlechtriem 認為電力 (Elektrizität) 及遠方送來之暖氣 (Fernwärme) 既非物，亦非權利，但為同性質之買賣標的 (Kaufobjekt sui generis)，請參照 Schlechtriem, *Das Recht der Schuldverhältnisse*, S. 15.。但國內通說認為，水、電力及其他能力之供給；如為有償契約時，則為準買賣，而非民法上之買賣，請參照史尚寬，《債法各論》，第 5 頁；鄭玉波，《民法債編各論上冊》，第 8 頁；黃立／楊芳賢則認為，因自來水與瓦斯之有體性，宜解為買賣，至於電力因無從占有，仍宜解為係準用買賣契約，見氏著，《民法債編各論（上）》，第 7 頁。

⓬　Hausmaninger/Selb, aaO, S. 280.

⓭　林誠二，前揭書，第 102 頁；Guhl/Koller, aaO, S. 339；但國內通說卻認為營業上的顧客信用及營業上的秘密則不得為買賣標的，如以之為契約標的，則為無名契約，準用買賣之規定，請參照鄭玉波，《民法債編各論上冊》，第 7 頁；邱聰智，前揭書，第 60 頁。

(4)財產權之集團 (Vermögensmassen)：如營業本身；全部財產 (ein ganzes Vermögen)；物之一部，如一筆土地之一部分；物之全部 (Sachgesamtheiten)；遺產 (eine Erbschaft)；應繼分 (ein Erbteil) 均得為買賣之標的。

(5)貨幣：通說認為，出賣人所移轉者為金錢時；除該金錢已成為古董，而以之為商品出賣者外，貨幣兌換乃無名契約，只能準用買賣之規定，而非買賣❶❹。

(6)高爾夫球場之會員權：實務上認為得為買賣之標的❶❺。

(7)人：人是權利主體，並非權利客體，故人不得為買賣之標的。依人體器官移植條例第 12 條之規定，提供移植之器官，應以無償捐贈方式為之，故人體器官亦不得為買賣之標的。惟血液、頭髮等人體之部分，若與身體分離，對於身體之完整、健康之維護或生命之安全並無影響，且不違反強行規定或公序良俗者，仍得因其具有財產價值，而得為買賣之標的❶❻。

(8)不得為買賣之標的：民法第 199 條第 2 項所規定之給付，如不具有財產價格，則不得為買賣之標的。此外，人格權、身分權等非財產權，亦不得為買賣之標的，自不待言。

(二)移 轉

所謂移轉，即出賣人使買受人取得權利之意；換言之，物之出賣人，交付其物於買受人，並使其取得該物所有權；權利之出賣人，使買受人取得其權利，如因其權利而得占有一定之物者，並交付其物。例如：房屋之

---

❶❹ 鄭玉波，《民法債編各論上冊》，第 8 頁；邱聰智，前揭書，第 61 頁；但德國學說認為，貨幣若非交易之「支付工具」，而是「交易客體」時，宜解為「物」，故本國通用貨幣與外國通用貨幣在內國兌換，仍成立買賣，請參閱黃立／楊芳賢，前揭書，第 8 頁。

❶❺ 87 年臺上字第 742 號判決，請參照黃立／楊芳賢，前揭書，第 6 頁。

❶❻ 王澤鑑，《民法總則》，第 233 至 234 頁；邱聰智，前揭書，第 60 頁；劉春堂，前揭書，第 7 頁。

出賣人，交付房屋於買受人（移轉占有），並使買受人取得該房屋之所有權（書面之不動產所有權移轉契約，加上登記，請參閱民法第 758 條及第 760 條）；地上權之出賣人，為買受人設定地上權（書面之地上權設定契約，加上登記，請參閱民法第 758 條及第 760 條），使買受人取得地上權，並將土地交付於買受人（移轉占有），使買受人對於該土地得為占有、使用、收益。

二、買賣契約是使買受人負支付約定價金義務之契約

買賣契約是使買受人負支付約定價金義務之契約，何謂「價金」？何謂「支付」？說明如下：

㈠價　金

價金之標的物，須為金錢，亦即貨幣，通常以現金支付，有時以匯款或信用狀方式為之。近幾年來，塑膠貨幣盛行，以信用卡刷卡支付買賣價金，已為社會之常態。以本票或支票作為支付價金之手段者，在本票或支票兌現前，買受人支付價金之債務並不消滅（民法第 320 條），必俟本票或支票兌現，買受人支付價金之債務始歸消滅。蓋因本票或支票本身並非金錢；本票或支票必須兌換成現金，才是金錢。

價金之標的，須為金錢；不得以金錢以外之財產充之，否則即為互易；不得以勞務充之，否則即為僱傭或承攬。此外，支付價金為移轉財產權之對價，支付價金與移轉財產權須互為對價給付之關係，始為買賣。如以支付價金，作為移轉財產權之負擔，則為附負擔之贈與（民法第 412 條），而非買賣。

㈡支　付

支付即為金錢之交付。支付與交付並無本質上之不同❼，但於法律用語上，常以支付表示金錢之交付。

---

❼　民法第 367 條規定：買受人對於出賣人，有「交付」約定價金之義務，足見支付與交付均得用在金錢之交付，並無本質上之不同。

三、買賣契約是債權行為，原則上僅具有債權的效力，不具有移轉所有權之物權效力[18]

買賣契約有效成立，使出賣人負第 348 條所規定之義務，使買受人負第 367 條所規定之義務。因此，買賣契約是使人負擔債務的法律行為，稱為負擔行為 (Verpflichtungsgeschäft)。出賣人負第 348 條所規定之義務，表示買受人取得請求出賣人履行第 348 條所規定義務之債權；反之，買受人負第 367 條所規定之義務，表示出賣人取得請求買受人履行第 367 條所規定義務之債權；故買賣契約也是使人取得債權的法律行為，稱為債權行為 (obligatorische Geschäfte)。買賣契約有效成立，祇是使買受人及出賣人互相取得請求對方給付之債權，並未使買賣標的及買賣價金之所有權發生移轉之效果，故買賣契約原則上僅具有債權的效力，而不具有移轉所有權之物權效力。

在土地買賣之情形，倘出賣人已交付土地於買受人，雖買受人之所有權移轉登記請求權之消滅時效已完成，惟其占有土地既係出賣人本於買賣之法律關係所交付，即具有正當權源，原出賣人自不得認係無權占有而請求返還（85 年臺上字第 389 號判例）。買受人基於買賣關係（債之關係）對於出賣人或其繼承人有權占有土地 (Das Recht zum Besitz aus Schuldverhältnissen)，此種權利係管領支配權 (Herrschaftsrecht)，既非物權法所規定之物權，亦非債權法所規定之請求權，而是介於債權與物權之間，故與買受人基於買賣關係請求出賣人交付買賣標的物之權利 (Das Recht

---

[18] 買賣契約僅有債之效力，不得以之對抗契約以外之第三人 (72 年臺上字第 938 號判例及 83 年臺上字第 3243 號判例)。法國民法第 1582 條規定：「買賣是一種契約，依此契約，一方負有向他方交付標的物之義務，他方負有支付物之價金之義務。」因此，在法國民法，買賣契約是債權契約。但法國民法第 1583 條規定：「買賣契約有效成立，買賣標的物之所有權立即移轉於買受人，不以出賣人交付買賣標的物或買受人支付買賣價金為必要。」故在法國民法，買賣契約，雖亦屬債權契約，但具有移轉所有權之物權效力，與我國民法之規定不同。

auf Besitzverschaffung) 不同。買受人基於買賣關係對於出賣人或其繼承人有權占有買賣標的之土地，學者稱為債之關係之物權效力 (die sachenrechtliche Auswirkung eines Schuldverhältnisses)；換言之，在此種範圍內，買賣契約不但具有負擔之效力 (Verpflichtungswirkung)，而且具有處分之因素 (Verfügungselemente)[19]。因此，買賣契約原則上僅具有債權的效力，於例外情形，亦具有物權效力。然而，買受人基於買賣契約有權占有買賣標的，係指對出賣人或其繼承人而言，但不得對抗契約以外之第三人（72 年臺上字第 938 號判例、83 年臺上字第 3243 號判例）。

買賣契約，既是契約，也是法律行為。因此，民法總則及民法債編通則之規定，除無因管理、不當得利、侵權行為等因法律之規定產生債之關係性質不相容者外，於買賣契約亦當然有其適用。

🔑 解 析

丙根據民法第 767 條之規定，請求乙返還所有物；丙之請求欲有理由，乃以二項基本要件為前提，即㈠丙為該地之所有人，㈡乙為無權占有。

一、丙是否為該地之所有人

㈠甲將系爭土地賣給乙，買賣契約有效成立後，甲負有二項義務，即交付系爭土地於乙（移轉占有）及移轉所有權於乙（民法第 348 條第 1 項）。甲交付系爭土地於乙，固已履行其移轉占有之義務，但因尚未辦理所有權移轉登記，故尚未履行其使乙取得系爭土地所有權之義務。乙因未辦理所有權移轉登記，故尚未取得系爭土地之所有權（民法第 758 條），甲仍為系爭土地之所有權人。

㈡乙根據民法第 348 條第 1 項之規定，得請求甲辦理所有權移轉登記。

---

[19] 王澤鑑，〈民法總則編關於法律行為之規定對物權行為適用之基本問題〉，收錄於《民法學說與判例研究第五冊》，第 71 頁；王澤鑑，〈基於債之關係占有權的相對性及物權化〉，收錄於《民法學說與判例研究第七冊》，第 74 頁以下；Larenz, aaO, S. 23f.，尤其是該書第 23 頁，註 6。

但因乙之請求權十五年間不行使而罹於時效消滅（民法第 125 條），使甲取得拒絕給付之抗辯權（民法第 144 條第 1 項）。

㈢丙係甲之唯一繼承人，因甲死亡而繼承甲財產上之一切權利義務（民法第 1147 條及第 1148 條），於登記前，已經取得系爭土地之所有權（民法第 759 條）。此外，丙亦繼承甲使乙取得系爭土地所有權之義務及抗辯權，得拒絕協同辦理所有權移轉登記。

二、乙是否為無權占有

㈠甲為履行甲、乙間買賣契約所產生之債務，而交付系爭土地於乙，故乙基於買賣關係有權占有系爭土地❷⓿。

㈡乙基於買賣關係占有系爭土地之權限 (das Recht zum Besitz aufgrund des Kaufvertrages)，與乙基於買賣關係請求甲交付系爭土地之請求權 (das Recht auf Besitzverschaffung) 並不相同。前者係管領支配權，並非請求權，故不罹於時效消滅❷①。

㈢乙基於買賣關係占有系爭土地，為有權占有，而且不罹於時效消滅。

綜上所述，丙根據民法第 767 條請求乙返還系爭土地，為無理由。

買受人基於買賣契約有權占有買賣標的，係指對出賣人及其繼承人而言，但不得對抗契約以外之第三人。因此在二重買賣之場合，出賣人如已將不動產之所有權移轉登記於後買受人，前買受人縱已占有不動產，後買受人仍得基於所有權請求前買受人返還所有物，前買受人即不得以其與出賣人間之買賣關係，對抗後買受人（72 年臺上字第 938 號判例，83 年臺上字第 3243 號判例）。故丁請求乙返還所有物，有理由。

參、結　論

㈠買賣契約是使出賣人負移轉財產權義務之契約；財產權係指具有經濟利益，而得為交易標的之法益，並不限於有體物。

---

❷⓿　85 年臺上字第 389 號判例；王澤鑑，同❶⑨。

❷①　Larenz, aaO, S. 23.

㈡買賣契約是使買受人負支付約定價金義務之契約；價金之標的物，須為金錢，亦即貨幣。

㈢買賣契約是債權契約，原則上僅具有債權的效力，不具有移轉所有權之物權效力，與法國民法第 1583 條規定不同。

㈣出賣人基於買賣契約交付買賣標的物於買受人，買受人基於買賣契約即有權占有買賣標的物，此為管領支配權，不罹於時效消滅，與買受人基於買賣契約請求出賣人交付買賣標的物之權利不同。

㈤買受人基於買賣契約有權占有買賣標的，係指對出賣人及其繼承人而言，但不得對抗契約以外之第三人。在二重買賣之場合，前買受人雖占有不動產，但後買受人取得該不動產所有權者，後買受人仍得基於所有權請求前買受人返還所有物，前買受人不得以其與出賣人間之買賣關係，對抗後買受人。

第三章　買賣契約的種類

壹、一般買賣、特種買賣

以民法的規定為區別標準，可分為一般買賣及特種買賣。所謂一般買賣，係指民法第 345 條第 1 項所規定的買賣。此種買賣契約有效成立後，出賣人負有移轉財產權的義務，買受人負有支付價金的義務，為買賣契約最基本的類型，故稱為一般買賣。所謂特種買賣，係指買賣契約的成立、生效或內容，除需滿足一般買賣的規定外，尚有其他特殊情形者，如買回（第 379 條）、試驗買賣（第 384 條）、貨樣買賣（第 388 條）、分期付價買賣（第 389 條）及拍賣（第 391 條）。

貳、自由買賣、競價買賣

買賣契約之成立，以是否為多數人競價之方法，可分為自由買賣及競價買賣。所謂自由買賣，係指買受人及出賣人雙方任意磋商洽定價金而為之買賣，並非以多數人競價的方法為之。所謂競價買賣，係指由多數人參與競價，而由出價最高者成為買受人之買賣。

競價買賣又分拍賣及標賣二種，拍賣係以公開競價之方式為之，各應買人彼此互相知悉所出之買賣價金，因而有機會再行提出更高之買賣價金；反之，標賣之各投標人均不知悉他投標人所出之買賣價金，故無再行提出更高買賣價金之機會。民法就拍賣設有規定，而就標賣未設規定；但強制執行法第 85 條規定：「拍賣不動產，執行法院得因債權人或債務人之聲請或依職權，以投標之方法行之。」學者認為強制執行法第 85 條所規定之不動產拍賣，包含非公開應買之標賣，為廣義的拍賣❶。

參、特定物買賣、種類物買賣

以買賣標的物是否已經具體指定（特定）為標準，可分為特定物買賣及種類物買賣。所謂特定物買賣，係指買賣標的物已經具體指定（特定）之買賣，如購買一件特定的古董，因而發生之債，為特定物之債。所謂種

---

❶ 邱聰智，前揭書，第 208 頁。

類物買賣，係指買賣標的物僅以種類指示之買賣，如購買電腦軟體一套，因而發生之債，稱為種類之債。種類之債，不生給付不能的問題(37 上 7140 判例)；如其物有瑕疵，買受人得請求另行交付無瑕疵之物(民法第 364 條)。

肆、公賣、私賣

以買賣程序是否有公權力介入為標準，可分為公賣及私賣。所謂公賣，係指有公權力介入而成立之買賣，如強制執行法所規定之拍賣及標賣。所謂私賣，係指普通私人間未有公權力介入而成立之買賣。

強制執行法所規定之拍賣，實務上認為係買賣之一種，以債務人為出賣人，以拍定人為買受人(47 臺上 152 判例、49 臺抗 83 判例) ❷。因此，原則上得適用民法有關拍賣及一般買賣之規定，但有下列例外情形：

㈠拍賣物買受人，就物之瑕疵無擔保請求權(強制執行法第 69 條、第 113 條)。至於權利瑕疵，買受人有無擔保請求權，則有爭議❸。

㈡因強制執行而取得不動產物權者，登記是處分要件，而非生效要件(民法第 759 條)。蓋拍賣之不動產，買受人自領得執行法院所發給權利移轉證書之日起，取得該不動產所有權(強制執行法第 98 條)。

㈢強制執行拍賣之不動產為第三人所有者，其拍賣無效，拍定人不得主張善意取得(司法院 20 年院字第 578 號、24 年院字第 1370 號解釋、30 上 2203 判例及 69 臺再 122 判決)。

---

❷ 47 年臺上 152 號判例，因土地法第 104 條修正為具有物權效力，故於 91 年 8 月 6 日經最高法院 91 年度第八次民事庭會議決議不再援用。

❸ 邱聰智，前揭書，第 217 頁，認為強制執行法尚無排除規定，解釋上回歸民法，亦即出賣人仍應負權利瑕疵擔保責任。換言之，拍賣物買受人有權利瑕疵擔保請求權。相反見解，請參照鄭玉波，《民法債編各論上冊》，第 118 頁，氏認為原則上出賣人無權利瑕疵擔保責任，例外始有之；Larenz, aaO, S. 35, 氏認為強制拍賣，並無因權利瑕疵而產生之任何責任。換言之，出賣人不負權利瑕疵擔保責任，買受人無權利瑕疵擔保請求權。

伍、即時買賣、非即時買賣

以買賣契約有效成立之同時，買受人與出賣人雙方是否立即履行其全部債務為區別標準，可分為即時買賣及非即時買賣。所謂即時買賣，係指買賣契約有效成立之同時，買受人與出賣人雙方立即履行其全部債務，使買賣契約所成立的債之關係，在成立時就馬上消滅。換句話說，在買賣契約有效成立時，買受人就取得財產權，而出賣人也取得買賣價金，此為「一手交錢，一手交貨」銀貨兩訖的現實買賣。即時買賣，從買受人支付買賣價金的角度觀察，是現金買賣；從出賣人移轉財產權的角度觀察，是現物買賣。一般日常用品的交易，均屬即時買賣，如在便利商店購買一份報紙。惟須注意者，買受人取得財產權，出賣人取得買賣價金，並非買賣契約的法律效果，而是因買受人與出賣人另訂立所有權移轉契約（又稱讓與合意、處分行為、物權契約）之故❹。

所謂非即時買賣，係指買賣契約有效成立之同時，買受人與出賣人雙方或一方並未立即履行其全部債務，而於日後履行。非即時買賣，又可分三種情形：

㈠一般買賣，即買受人與出賣人雙方均不於買賣契約有效成立之同時履行者，其又可細分為定期買賣與不定期買賣。所謂定期買賣，係指當事人於買賣契約，就債務之履行約定有期限者；即出賣人何時移轉財產權，買受人何時支付買賣價金，均定有履行期限。所謂不定期買賣，係指當事人於買賣契約，就出賣人何時移轉財產權及買受人何時支付買賣價金二者，或其中之一者，未定有履行期限。因此，除法律另有規定，或得依債之性質或其他情形決定者外，債權人得隨時請求清償，債務人亦得隨時為清償（民法第 315 條）。

㈡先付買賣，即買受人於買賣契約有效成立之同時支付買賣價金，而出賣人於日後移轉財產權者，又稱前金買賣或預約買賣❺。

---

❹ 邱聰智，前揭書，第 74 頁；黃立／楊芳賢，前揭書，第 23 頁，註 73；林誠二，前揭書，第 85 頁，註 24。

㈢信用買賣，即出賣人先移轉財產權，而買受人日後支付買賣價金者，其中可再分為賒欠買賣與分期付價買賣。所謂賒欠買賣，係指買受人日後一次付清買賣價金。所謂分期付價買賣，係指買受人日後分期付款者。

陸、一時的買賣、繼續性供給的買賣

以買賣契約所發生的債權債務關係，是否因一次履行給付義務而歸於消滅，可分為一時的買賣及繼續性供給的買賣。所謂一時的買賣，係指因買賣契約所發生的債權債務關係，於一次履行給付義務後而歸於消滅者，例如：甲向電器行買一部液晶電視，雙方訂立買賣契約後，電器行交付並移轉液晶電視之所有權於甲，而甲支付買賣價金；則甲與電器行間因買賣契約所發生的債權債務關係歸於消滅。惟須注意者，電器行同意甲緩期清償或分期給付，仍屬一時的買賣 ❻。所謂繼續性供給的買賣，係指買受人與出賣人訂立一個買賣契約，但出賣人供給商品，在時間上卻分割為許多之部分給付（瑞士聯邦最高法院判決 BGE 47 II 440, 48 II 366），其債之關係，係以長期給付為內容，並不因出賣人一次給付而歸於消滅，例如：家中使用的自來水、電力、瓦斯或訂閱報紙。

柒、民法上的買賣、特別法上的買賣

以買賣所由規定的法律為區別標準，可分為民法上的買賣及特別法上

---

❺　前金買賣與付定金買賣容易混淆；所謂前金買賣，即係先付買賣；所謂付定金買賣，即於買賣契約之外，為確保買賣契約之履行，另外成立定金之從契約，定金並非價金，但於將來買賣契約履行時，買受人所付之定金得作為價金之一部（民法第 249 條第 1 款）。預約買賣與買賣預約亦容易混淆；所謂預約買賣，即係先付買賣，買賣契約不但有效成立，而且買賣價金業已支付，祇是出賣人尚未移轉財產權而已；所謂買賣預約，祇為一種預約，預約權利人僅得請求對方履行訂立本約之義務，不得逕依預定之本約內容請求履行（61 年臺上字第 964 號判例），故當事人因買賣預約負有日後訂立買賣契約的義務，買賣預約本身並非買賣契約。

❻　林誠二，前揭書，第 86 頁。

的買賣。所謂民法上的買賣，係指民法債編各論第一節所規定的買賣（民法第 345 條至第 397 條）。所謂特別法上的買賣，係指民法債編以外特別法所規定的買賣，例如：強制執行法所規定的拍賣及標賣、動產擔保交易法所規定的附條件買賣、證券交易法所規定的上市有價證券買賣、期貨交易法所規定的期貨交易、消費者保護法所規定的郵購買賣及訪問買賣、企業併購法所規定的股份買賣。

第四章　買賣契約的訂立

問題之提出

甲以新臺幣伍拾萬元向乙車商購買一輛轎車，發生下列問題：

㈠甲、乙二人就標的物及其價金互相同意，但就履行期、履行地及瑕疵擔保責任等事項均未約定，其法律效果，是買賣契約成立（民法第 345 條第 2 項）？抑或是推定買賣契約為成立（民法第 153 條第 2 項）？

㈡甲、乙二人就標的物及其價金互相同意，但履行期尚未談妥，甲與乙約定，保留日後協商。請問：甲、乙間之買賣契約是否成立？

㈢甲、乙二人就標的物及其價金互相同意，但甲堅持乙車商應於民國 94 年 8 月 31 日交車，乙車商認為有困難，並未同意。請問：甲、乙間之買賣契約是否成立？

第一個例子，係甲、乙二人，就非必要之點，未經表示意思；第二個例子，係甲、乙二人對於非必要之點，加以保留者；第三個例子，係甲、乙二人，對於主觀必要之點未達成合意；三個例子有何不同，試說明如下：

壹、羅馬法上買賣契約的訂立

一、買賣契約的典型義務 (die typischen Verpflichtungen)

買賣契約的典型義務，是支付價金及交付貨物。當事人應就買賣契約的典型義務達成合意，買賣契約始有可能成立；當事人就買賣契約的典型義務，祇要有一點未達成合意，買賣契約即不成立。因此，支付價金及交付貨物，均是買賣契約的要素或必要之點 (essentialia negotii)。羅馬法學家 Gaius (lnst 3.139) 認為，當事人就特定貨物達成特定價金之合意，是買賣契約的最低要求。除此之外，其他問題均是偶素或非必要之點 (accidentalia negotii)。反之，羅馬法學家 Ulpian (D. 18, 1, 9 pr) 認為，當事人欲約定之點，

縱使是客觀上不重要的邊陲問題，如果當事人就該點未達成合意，則整個契約不成立。有些非必要之點，當事人不願決定或根本就沒有想到，但嗣後卻成為爭點，此時即由法官 (iudex) 根據訴訟規則之授權，以誠信原則 (ex fide bona) 決定當事人之給付義務。因此，漸漸地發展出一套完整的法律秩序。這套客觀的秩序觀念，符合自然的狀態，所以稱為自然素 (naturalia negotii)，而且也經常符合一般契約實務，故有人稱之為常素。這套客觀的法律秩序觀念，我們稱之為任意法 (das dispositive Recht)，係用來補充當事人意思之不足，以與強行法 (das zwingende Recht) 做區別❶。

二、定金制度 (arra, arrha, arrabo, Draufgabe, Angeld)

定金制度，係從東方（可能是閃米族）經由希臘傳到羅馬。在東方發明定金制度的地方，出賣人並無以訴直接強制買受人履行債務之債權；故買受人先付一大筆定金，若買受人嗣後不準備履行債務時，不得請求返還定金，以這種方式間接強制買受人履行債務。受領定金之出賣人則承諾，若出賣人嗣後不準備履行債務時，願加倍返還其所受之定金，以這種方式間接強制出賣人履行債務。優士丁尼大帝繼受定金制度，使之成為羅馬法之一部分。但當時的羅馬法規定，買賣契約因當事人互相表示意思一致而成立，並不以一定方式為成立要件，而且買賣契約之債務，得以訴 (actio) 之方式直接強制履行，故定金之意義在羅馬有所變更，轉為用來確保買賣契約之履行，或是用來作為解約定金 (Reugeld，買受人得拋棄定金，以解除契約)。在歐洲大陸共同法時期，稱前者為懲罰定金 (arra poenalis)，稱後者為後悔定金 (arra poenitentialis)。因此，在訂立買賣契約時，買受人有時會給與出賣人一個戒指或一筆小錢，作為訂立買賣契約之象徵，方便證明當事人有合意的事實❷。買賣契約履行後，買受人得以不當得利 (condictio) 或買方訴權 (actio empti) 請求返還戒指，定金則作為買賣價金之一部分 (Ulpian, D. 19.1, 11, 6)。綜上所述，可知定金具有證明契約成立之功能，但

---

❶　Hausmaninger/Selb, aaO, S. 283ff.

❷　Hausmaninger/Selb, aaO, S. 290; Kaser, aaO, S. 169.

卻不是契約之成立要件。

三、買賣標的

㈠買賣契約一定要有買賣標的；沒有買賣標的，則買賣契約不可能成立。羅馬法亦規定：Nec emptio venditio sine re quae veneat potest intelligi，意指沒有買賣標的，則無法想像買賣契約。但買賣標的可能祇是一個機會 (emptio spei)，例如：甲以一千元購買乙漁夫下一次撒網捕到的魚，則乙漁夫下一次撒網，縱未捕獲任何一條魚，甲仍須支付乙漁夫一千元 (Pomponius, D. 18, 1, 8 pr/1)。

㈡買賣標的應確定；買賣標的若沒有確定，則沒有買賣 (Pomponius, D. 18, 1, 8 pr)。買賣標的之確定，得個別確定 (individuell bestimmt)，亦得依種類確定 (der Gattung nach bestimmt)，例如：某特定酒窖的酒 (Gaius, D. 18, 1, 35, 7)。而尚未存在之物，其將來存在與否，雖尚屬未定，例如：某特定女奴隸懷胎尚未出生之小孩，某特定牛群尚未出生之小牛或某特定果園尚未採收之水果，但在法律上，亦屬確定。羅馬法學家認為，祇要小牛將來會出生，買賣契約在訂立時即已成立；但買賣契約之效力係依小牛之出生而定。值得注意的是，假設小牛出生，則買賣契約並非自小牛出生時始生效力 (ex nunc)，而是溯及買賣契約訂立時發生效力 (ex tunc)，與現代民法所規定之停止條件不同，稱這種契約為 emptio rei speratae。

㈢出賣人以自己之材料製造物品，供給買受人，而買受人支付價金，即所謂的製造物供給契約 (Werklieferungsvertrag)；依 Sabinus 學派之見解，認為是買賣；依 Prokulianer 學派之見解，則認為是承攬；依 Cassius 學派之見解，又認為是買賣與承攬之混合契約 (Gaius, Inst. 3, 147)。

四、買賣價金

羅馬法學家認為，必以買賣契約當事人就買賣價金真誠地確定，才算達成買賣價金之合意。所謂確定，係指買賣價金依一定之金額達成合意。然而，若依其他標準可得而定，亦屬確定，例如：以出賣人昔日買入的價

金作為現在的買賣價金 (quanti tu eum emisti)，以買受人錢櫃裏全部的錢作為買賣價金 (quantum pretii in acra habeo) 或以買受人另行出售之價金作為買賣價金 (est mihi fundus emptus centum et quanto pluris eum vendidero)。假設買賣契約當事人約定，由第三人指定買賣價金，是否為可得而定，則學者意見紛歧。

買賣價金之高低，依古典時期之法律，係由買賣契約當事人自由決定。法學家 Paulus (D. 19, 2, 22, 3) 認為，貴的東西，得以低廉價格購得；便宜的東西，亦得以高昂價格出售；縱使買受人與出賣人彼此互損，亦同。Paulus 認為這是自然界自由的一部分。

大約在西元第三世紀時，由於通貨膨脹，貨幣日益貶值，自由競爭制度受到越來越嚴峻之挑戰，在出賣人遇有急難之際，以超低的價格出售貨物時，戴克里先大帝 (Diokletian) 為保護出賣人，乃施行禁止損失過半原則 (laesio enormis)。依該原則，任何一件物品，均有特定公正的價格 (iustum pretium)；買賣價金如低於公正價格一半，出賣人得解除契約，退還買賣價金，向買受人請求返還買賣標的物。但買受人得以嗣後補足公正價格之方式，維持買賣契約之效力。

任何物品均有公正價格之思想，在道德哲學及神學理論之支持下，為優士丁尼大帝再度採用；今日法國民法第 1674 條至第 1685 條及奧地利民法第 934 條以下規定禁止損失過半原則，均是這種思想的實踐。反之，德國民法第 138 條第 2 項、瑞士債法第 21 條及我國民法第 74 條均僅規定禁止暴利行為，並不採用禁止損失過半原則。

反之，在通貨膨脹時期，戴克里先大帝亦曾經企圖以國家管制商品價格之方式，來保護買受人。最有名的是戴克里先大帝於西元 301 年所頒布的最高價格敕令 (edictum de pretiis rerum venalium von 301)，規範所有給付之最高價格，違反者科以刑罰。戴克里先大帝之措施，無法達到預定目標，反而使市場回到互易交易❸。

---

❸　Kaser, aaO, S. 170; Hausmaninger/Selb, aaO, S. 285f.

貳、我國民法之規定

民法第 153 條第 2 項規定:「當事人對於必要之點,意思一致,而對於非必要之點,未經表示意思者,推定其契約為成立。」民法第 345 條第 2 項規定:「當事人就標的物及其價金互相同意時,買賣契約即為成立。」買賣契約當事人就標的物及其價金互相同意,但對於履行期、履行地、買賣之費用、擔保責任,未經表示意思者,其法律效果,究竟應依民法第 345 條第 2 項之規定,買賣契約「即為」成立? 抑或應依民法第 153 條第 2 項之規定,「推定」買賣契約成立? 針對這個問題,我國學者見解不一,試說明如下:

1.鄭玉波　在買賣契約,應優先適用民法第 345 條第 2 項之規定❹。林誠二採此說❺。

2.黃茂榮　如有當事人之一方,堅持雙方先協商買賣標的及價金,而後再談清償時、清償地等問題,而俟前者獲致合意時,卻主張依民法第 345 條第 2 項買賣契約已成立,其餘者不用再談⋯⋯,這顯然違反契約自由原則。是故,第 345 條第 2 項應修正為:「當事人就標的物及其價金互相同意時,買賣契約推定為成立」。如是,則其相對人便得以雙方尚有其他意定必要之點未獲致合意,來反證「契約尚未成立」。亦惟有如此瞭解第 345 條第 2 項,始能與第 153 條第 2 項之規定前後一貫❻。

3.邱聰智　民法第 153 條第 2 項與第 345 條第 2 項之規定,均在減緩意思表示合致之嚴格要求,而且二者係分別適用於不同之契約訂立形態,其間係分工併存關係,當無優先適用與否之問題。買賣雙方,除要素外,均未表示意思者,買賣得因標的物(或其他財產權)及價金一致而成立,非謂祇要標的物及價金一致,即不問當事人表示之其他因素是否一致,強使買賣成立❼。劉春堂採此說❽。

---

❹　鄭玉波,《民法債編各論上冊》,第 21 頁。

❺　林誠二,前揭書,第 92 頁。

❻　黃茂榮,前揭書,第 160 頁以下。

4.黃立／楊芳賢　第 345 條第 2 項之規定,似非妥適,仍宜以第 153 條第 2 項之規定為準, 並刪除第 345 條第 2 項之規定❾。

解　析

㈠買受人與出賣人訂立買賣契約,他們在協商過程中,所關心的事項,也許有很多點,但最基本的是買賣標的及買賣價金,我們稱之為客觀必要之點 (objektiv wesentliche Punkte)。因為這是買賣契約在概念上所必需具備的契約因素 (die begriffsnotwendigen Vertragselemente),所以買受人與出賣人就買賣標的與買賣價金必須互相表示意思一致,買賣契約始有可能成立。否則買賣契約不成立❿。客觀上非必要之點,例如:履行地、履行期、買賣費用等,買受人或出賣人任何一方若認為很重要,則應明確表示,雙方當事人就該事項應達成合意,否則不願簽約,使其成為主觀必要之點 (subjektiv wesentliche Punkte)。買受人與出賣人就主觀必要之點必須達成合意,買賣契約始能成立⓫。客觀必要之點及主觀必要之點,均為買賣契約成立之必要條件,雙方當事人必須就客觀必要之點及主觀必要之點均達成合意,買賣契約始可能成立。民法第 345 條第 2 項規定:「當事人就標的

---

❼　邱聰智, 前揭書, 第 68 頁以下。

❽　劉春堂, 前揭書, 第 15 頁以下。

❾　黃立／楊芳賢, 前揭書, 第 10 頁。

❿　最高法院 40 年臺上字第 1482 號判例:「當事人締結不動產買賣之債權契約,固非要式行為,惟對於契約必要之點意思必須一致。買賣契約以價金及標的物為其要素,價金及標的物,自屬買賣契約必要之點,苟當事人對此兩者意思未能一致,其契約即難謂已成立」。

⓫　史尚寬,《債法總論》,民國 79 年 8 月版,第 15 頁以下;邱聰智, 前揭書, 第 68 頁;氏認為:「對於買賣之瑕疵擔保責任、履行期、履行地、買賣費用等,經表示意思者,均構成買賣之必要之點,均應一致,買賣始能成立。」德國民法第 154 條第 1 項規定:「縱使祇有一方當事人表示,某些事項應經雙方協議,在雙方當事人就所有這些事項全部達成合意之前,契約不成立。縱使以書面記載,個別事項之合意亦不生效力。」

物及其價金互相同意時，買賣契約即為成立。」此項規定，於當事人對於客觀上非必要之點，未經表示意思者，並無問題❶❷，毋須「推定」買賣契約成立；反之，於當事人明示有主觀必要之點時，即非妥適。蓋當事人就該主觀必要之點未達成合意時，契約即不成立，無法「推定」為成立❶❸。

㈡民法有關債法之規定，大部分均是任意規定，得依當事人之意思，予以變更或排除❶❹；換句話說，係於當事人意思不明或不完備時，用來作為解釋或補充當事人意思之不足❶❺。例如：當事人未就履行地表示意思時，則適用民法第 314 條之規定；而未就履行期表示意思時，則適用民法第 315 條之規定；未就瑕疵擔保責任表示意思時，適用民法第 349 條、第 354 條之規定。因此，當事人對於必要之點，意思一致，而對於非必要之點，未經表示意思時，該非必要之點，應由民法之任意規定加以解釋或補充，買賣契約應是成立❶❻，而不是「推定」成立。當事人對於未經表示之非必要之點，嗣後毋須另行協商，亦無協商不成，由法院決定之可能。我國民法第 153 條第 2 項規定，對於非必要之點，「未經」表示意思者，推定其契約為成立，似有誤會。

㈢民法第 153 條第 2 項，係繼受自瑞士債法第 2 條第 1 項及第 2 項❶❼，

---

❶❷ 邱聰智認為，買賣雙方，除要素外，均未表示意思者，買賣得因標的物及價金一致而成立，請參閱氏著，前揭書，第 68 頁。

❶❸ 不同見解，請參閱黃茂榮，前揭書，第 161 頁；氏建議第 345 條第 2 項應修正為：「當事人就標的物及其價金互相同意時，買賣契約推定為成立」，並認為：「如是，則其相對人便得以雙方尚有其他意定必要之點未獲致合意，來反證契約尚未成立」。

❶❹ Larenz, aaO, S. 10.

❶❺ 鄭玉波，《民法債編各論上冊》，第 2 頁；黃立，《民法債編總論》，2002 年 9 月二版第三刷，第 74 頁。

❶❻ Becker, *Obligationenrecht*, 1. Abteilung, Allgemeine Bestimmungen, Art. 1–183, Bern, 1941, S. 26; 例如：因買受人之指示，出賣人將買賣標的物送交原清償地以外處所，其費用若當事人未有約定，則由買受人負擔（瑞士債法第 189 條第 1 項，我國民法第 378 條第 3 款）。

但在翻譯時，似有誤解。瑞士債法第 2 條第 1 項規定：「當事人就所有必要之點均已達成合意者，則推定非必要之點之保留，不影響契約之效力。」當事人就所有必要之點均已達成合意，但對於某些非必要之點，加以保留者，法律推定在非必要之點達成合意前，當事人已有受契約拘束之意，故推定契約成立。保留 (der Vorbehalt)，係雙方當事人確認尚有非必要之點未達成合意，願留待日後協商解決，故雙方約定：「細節他日再談」，亦屬於保留 (BGE 18, 826)[18]。立法者推定契約成立之理由，在於所有必要之點均已達成合意，當事人所保留者，推定為非主觀必要之點 (OR 2, 1, BGE 103 II 194)，原則上不影響契約之拘束力[19]。因此，在所有必要之點均已達成合意時，推定當事人即有訂立契約，並受其約束之意思。然而，推定可以反證推翻 (widerlegbar)，當事人如能證明，所保留者，係「主觀必要之點」，而非「非主觀必要之點」，尚無受拘束之意思，即可推翻。因「保留」非主觀必要之點，當事人間嗣後才須就非主觀必要之點進行協商，如果協商無法達成合意，才由法院依法律行為之性質裁判之。

　　㈣綜上所述，可知甲、乙二人就標的物及其價金互相同意，但就履行期、履行地及瑕疵擔保責任等事項均未約定，其法律效果，應是買賣契約成立（民法第 345 條第 2 項）；甲與乙約定，履行期保留日後協商者，其法律效果，應是推定買賣契約成立（民法第 153 條第 2 項）；甲堅持乙車商應於民國 94 年 8 月 31 日交車，乙車商認為有困難，並未同意，此為當事人就主觀必要之點未達成合意，其法律效果，買賣契約應為不成立（民法第 153 條第 1 項反面解釋）。

參、結　論

　　㈠民法第 345 條第 2 項與民法第 153 條第 2 項之關係，涉及買賣契約

---

[17]　鄭玉波／陳榮隆，前揭書，第 50 頁。

[18]　Schönenberger/Jäggi, *Obligationenrecht*, 3, völlig neubearbeitete, Zürich, 1973, S. 411.

[19]　Guhl/Koller, aaO, S. 107.

的「必要之點」及「非必要之點」，即要素、偶素及常素之問題。

㈡買賣契約當事人之一方提出「主觀必要之點」時，民法第 345 條第 2 項之規定即非妥適。

㈢買賣契約當事人之一方，對於非必要之點，未經表示意思時，契約應是「成立」，而不是「推定成立」，故民法第 153 條第 2 項之規定亦非妥適。民法第 153 條第 2 項之規定，係繼受自瑞士債法第 2 條第 1 項及第 2 項，但翻譯時似有誤解，正確應是：當事人就所有必要之點均已達成合意者，則推定非必要之點之「保留」，不影響契約之效力。

第五章　買賣契約之效力

第一節　對於出賣人之效力

第一項　主要義務

壹、物之買賣

一、物之交付

二、所有權之移轉

貳、權利之買賣

第二項　從屬義務

壹、從屬給付義務

貳、保護義務

第三項　權利瑕疵擔保義務

壹、概　說

貳、羅馬法之權利瑕疵擔保

參、從法律比較之觀點，探討權利瑕疵擔保

一、法國民法

第二節　對於買受人之效力

第一項　構成要件

壹、主要給付義務

一、交付約定價金之義務

二、受領標的物之義務

貳、從屬給付義務

一、法定從屬給付義務

二、約定從屬給付義務

參、保護義務

第二項　法律效果

壹、買受人違反主要給付義務之法律效果

貳、買受人違反從屬給付義務之法律效果

參、買受人違反保護義務之法律效果

第三節　對於出賣人及買受人共同之效力

買賣契約之效力，分三部分說明，即對於出賣人之效力，對於買受人之效力及對於出賣人及買受人共同之效力。

第一節　對於出賣人之效力

買賣契約對於出賣人之效力，分主要義務、從屬義務、權利瑕疵擔保義務及物之瑕疵擔保義務四部分說明。

第一項　主要義務 (Hauptpflichten)

民法第348條規定：「物之出賣人，負交付其物於買受人，並使其取得該物所有權之義務。權利之出賣人，負使買受人，取得其權利之義務。如因其權利而得占有一定之物者，並負交付其物之義務。」民法以買賣標的為區別標準，將買賣契約分為物之買賣（所有權之買賣）及權利之買賣（所有權以外，其他權利及利益之買賣）二種，就有關問題，分述如下：

壹、物之買賣

物之買賣契約有效成立後，出賣人負有交付其物於買受人，並使其取得該物所有權之義務❶。因此，「物之交付」及「所有權之移轉」，為物之出賣人之主要給付義務。這兩個義務，互相獨立，出賣人祇要不履行其中一個給付義務，即構成出賣人債務全部不履行，應依民法第353條關於債務不履行之規定，負損害賠償責任❷。

---

❶　傳統學說認為出賣人並無給付「無瑕疵」買賣標的之義務，但德國民法第433條第1項新規定：「出賣人應使買受人取得無『權利瑕疵及物之瑕疵』之物」，同法第453條第1項規定：「物之買賣之規定，於權利及其他標的之買賣準用之。」因此，出賣人應有給付無瑕疵買賣標的之義務，為德國最新立法思潮。

一、物之交付

㈠物之意義

所謂「物」，係指動產或不動產而言❸。買賣標的，不論是動產，抑或是不動產，出賣人均須將該物交付於買受人（事實上之變更），並須將該物所有權移轉於買受人（法律上之變更）。

㈡交付之意義

所謂交付，係指移轉直接占有，即出賣人使買受人取得對於買賣標的物之事實上管領力。因此，交付是事實行為 (Realakt)❹，不是法律行為 (Rechtsgeschäft)；為交付行為之人，不需具備行為能力；交付行為亦不得撤銷或解除。但動產之出賣人，往往藉交付而移轉動產所有權（非保留所有權之買賣）；此時，於交付之同時，為移轉所有權之意思表示❺，即同時

---

❷ 最高法院 47 年臺上字第 511 號判例：「物之出賣人，負交付其物於買受人，並使其取得該物所有權之義務，民法第 348 條第 1 項定有明文……，上訴人就系爭工廠及土地，仍應負向占有之被上訴人收回交付買受人某甲之義務。在依約履行之前，其義務並不因已為所有權移轉之登記而消滅。」黃茂榮，前揭書，第 317 頁至第 319 頁；邱聰智，前揭書，第 88 頁；劉春堂，前揭書，第 29 頁以下。

❸ 邱聰智認為第 348 條第一句之「物」，係指所有權，見氏著前揭書，第 86 頁，註 51。但將第 348 條第一句之「物」，理解為有體物，例如動產或不動產，亦無不可；參照德國民法第 433 條第 1 項規定：「物之出賣人，因買賣契約負有交付其物及移轉該物所有權於買受人之義務。出賣人使買受人取得之物，應免於物之瑕疵及權利之瑕疵。」黃茂榮，前揭書，第 319 頁；劉春堂，前揭書，第 26 頁。

❹ Larenz, aaO, S. 22f.；不同見解，請參照邱聰智，前揭書，第 63 頁，氏認為：「移轉占有，除讓與合意外，須經交付。」

❺ Larenz, aaO, S. 23.

為法律行為。至於交付之方法，民法債編並無明文，自應依民法物權編第 761 條及第 946 條第 2 項之規定為之。出賣人以現實交付、簡易交付使買受人對買賣標的取得直接占有，固無問題；問題在於，出賣人得否不經買受人同意，逕以占有改定或指示交付為之？就這個問題，有肯定與否定二說：

1.肯定說　認為出賣人得不經買受人同意，單方以占有改定或指示交付代替現實交付 ❻。

2.否定說　認為出賣人欲以占有改定或指示交付代現實交付，履行第 348 條第 1 項所規定之交付義務時，應經買受人之同意；至於是否已得到買受人之同意發生爭執時，應由出賣人負舉證責任 ❼。

肯定說之見解，對於買受人權益之保護，顯然不周；例如：甲將房屋

---

❻　32 年上字第 5455 號判例：「民法第 348 條所謂交付其物於買受人，即移轉其物之占有於買受人之謂。占有之移轉，依民法第 946 條第 2 項準用第 761 條之規定，如買賣標的物由第三人占有時，出賣人得以對於第三人之返還請求權讓與買受人以代交付。故除有出賣人之交付義務，在第三人返還前仍不消滅之特約外，出賣人讓與其返還請求權於買受人時，其交付義務即為已經履行，買受人不得以未受第三人返還，為拒絕交付價金之理由。」47 年臺上字第 511 號判例：「物之出賣人負交付其物於買受人，並使其取得該物所有權之義務，民法第 348 條第 1 項定有明文。所謂交付其物於買受人，即移轉其物之占有於買受人之謂，依民法第 946 條第 2 項準用第 761 條規定，如買賣標的物由第三人占有時，出賣人固得以對於第三人之返還請求權讓與買受人以代交付。第上訴人與買受人某甲締結買賣契約，當時既訂有應由上訴人收回出賣標的物，亦即系爭工廠及土地後，再行交付與買受人某甲，並在交付前扣留上訴人一部價金之特約，則依此項特約之內容，上訴人就系爭工廠及土地，仍應負向占有之被上訴人收回交付買受人某甲之義務。在依約履行之前，其義務並不因已為所有權移轉之登記而消滅。」史尚寬，《債法各論》，第 9 至 10 頁；鄭玉波，《民法債編各論上冊》，第 26 頁。

❼　黃茂榮，前揭書，第 320 頁以下；邱聰智，前揭書，第 87 頁以下；劉春堂，前揭書，第 27 頁；黃立／楊芳賢，前揭書，第 32 頁；陳自強，《契約之內容與消滅》，2004 年 9 月一版，第 152 頁；Larenz, aaO, S. 22.

一棟出租於乙，租賃期限屆至，承租人乙拒絕返還租賃物。出租人甲認為，向法院起訴請求乙返還租賃物，曠日費時，勞民傷財，於是將房屋賣給丙，並且將所有權移轉登記給丙，而將對於乙之租賃物返還請求權讓與給丙，代替現實交付，藉以免去訴訟之累。買受人丙若不知甲之陰謀，付清價金，卻非經訴訟程序無法占有、使用、收益系爭房屋，甚至亦不得根據民法第353條對甲主張債務不履行損害賠償（肯定說認為，甲讓與其返還請求權於丙時，其交付義務即為已經履行），不公平孰甚❽！因此，本文認為否定說較符合買賣契約之本旨。

二、所有權之移轉

所謂「所有權之移轉」，係指物之出賣人使買受人取得買賣標的物之所有權而言。出賣人使買受人取得之所有權，係無負擔之所有權 (unbelastetes Eigentum)；故第三人在買賣標的物上有典權、地上權等定限物權或租賃權等債權，得對於買受人主張權利時，出賣人負有排除第三人權利之義務。但買受人於契約成立時，知有權利之瑕疵者（民法第351條），或買受人於契約內，同意第三人之權利者，不在此限。移轉所有權之方法，除法律另有特別規定者外（例如海商法第8條、第9條），應依民法物權編之規定。依國內通說之見解，動產所有權之移轉，應有讓與合意（至少是默示之讓與合意），加上交付，兩項要件；不動產所有權之移轉，應有書面之讓與合意，加上登記，兩項要件。移轉所有權之合意 (die Einigung über den Eigentumsübergang)，係法律行為，故當事人得於讓與合意附停止條件，例如：買受人付清買賣價金，買賣標的物之所有權始行移轉，此即所謂之保留所有權買賣。換言之，保留所有權買賣之出賣人，雖已交付買賣標的物於買受人，使買受人就買賣標的物取得占有、使用、收益之權，但在買受

---

❽　依民法第425條之規定，甲、乙若有租賃關係存在，則該租賃關係對於受讓人丙仍繼續存在。因此，甲將房屋賣給丙時，應在買賣契約表明該屋目前出租於乙，而買受人丙願意承受甲出租人之義務；否則構成權利瑕疵，敬請參照 Schlechtriem, aaO, S. 21.

人付清買賣價金前，出賣人仍保留買賣標的物之所有權❾。因此，買賣標的物，縱使為動產，亦未必於交付之同時，移轉所有權❿。值得注意者，不動產所有權移轉之讓與合意 (die Auflassung)，不得附條件或期限，否則不生效力（德國民法第 925 條第 2 項）。

貳、權利之買賣

權利之買賣契約有效成立後，出賣人負有使買受人取得其權利之義務，如因其權利而得占有一定之物者，並負交付其物之義務；換言之，買受人享有請求出賣人移轉該權利之債權，如因其權利而得占有一定之物者，並有請求出賣人交付該物之債權。因此，權利之買賣，尚可分二種，即因其權利而得占有一定之物與因其權利毋須占有一定之物。前者如租賃權、地上權之買賣，出賣人除負移轉權利之義務外，尚負交付其物之義務，其情形與物之出賣人相同；惟須注意者，此處移轉者，係所有權以外之權利或利益，而非所有權。後者如債權之買賣，出賣人僅負移轉該項權利於買受人之義務，毋須負交物之義務。

移轉權利之方法，因權利之種類而不同，列表詳見下頁。❶

---

❾　王澤鑑，〈附條件買賣買受人之期待權〉，收錄於《民法學說與判例研究第一冊》，第 69 頁以下；黃立／楊芳賢，前揭書，第 32 頁以下。

❿　不同見解，敬請參閱邱聰智，前揭書，第 88 頁，氏認為：「若其標的物為動產者，則交物而所有權同時移轉，概念上並無突顯交物之必要。」

❶　邱聰智，前揭書，第 89 頁；劉春堂，前揭書，第 28 頁以下。

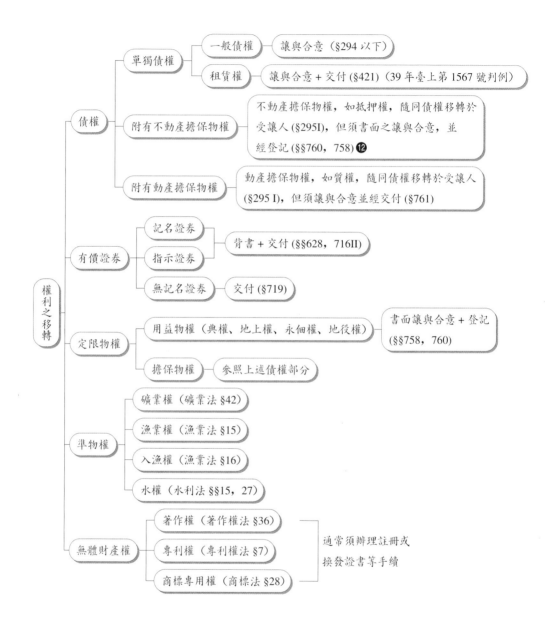

⑫ 史尚寬，《物權法論》，民國 76 年 1 月臺北六刷，第 277 頁。

▶▶ 第二項　從屬義務 (Nebenpflichten)[13] ◀◀

出賣人除上述主要義務外，根據法律規定、契約約定、交易習慣或誠信原則，尚有下列從屬義務；從屬義務通常區分為從屬給付義務及保護義務二種，說明如下：

壹、從屬給付義務 (Nebenleistungspflichten)

㈠出賣人負擔移轉權利之費用、運送標的物至清償地之費用及交付之費用，並平均負擔買賣契約之費用（民法第378條第1款、第2款）。

㈡出賣人負有告知之義務（德國舊民法第444條第一句前段）：出賣人對於買受人負有告知義務，應告以與買賣標的有關之法律關係，例如：不動產之範圍界線，不動產上是否設定抵押權、地上權等定限物權，或是否出租於他人使用。

㈢出賣人負有交付證明文件之義務（德國舊民法第444條第一句後段）：出賣人對於買受人負有交付證明文件之義務，例如：土地所有權狀，建物所有權狀，或汽車文件 (Autopapiere)。

㈣出賣人負有謹慎細心保管之義務：出賣人交付買賣標的物於買受人前，就買賣標的物負有謹慎細心保管之義務（奧地利民法第1061條）；並應妥適地包裝、運送，或安裝買賣標的物（例如：購買全新鋼琴，出賣人依交易習慣，有安裝之義務）。

貳、保護義務 (Schutzpflichten)

㈠出賣人負有保護之義務，例如：出賣人就其所販售之藥品可能有害健康之副作用，應向買受人說明，藉以保護買受人或其他特定之第三人；

---

[13]　以下說明，請參閱 Larenz, aaO, S. 26f.; Medicus, *Schuldrecht*, 2. Besonderer Teil, 8 neubearbeitete Auflage, 1997, S. 11; Ernst (Astrid), *Schuldrecht*, Besonderer Teil II, S. 21.

出賣人就其所販售之機械設備，應教導買受人如何操作、保養，尤其是，該機械設備之設計，需要同種類機械設備所無之特殊操作、保養方法時。基本上，出賣人並無向買受人說明買賣標的物全部功能之義務，但買受人並非專門人員，因相信出賣人所刊登之廣告，而將出賣人當作專家看待，對出賣人有特別信任時，出賣人即有此種義務。尤其是，若出賣人不教導買受人，買受人使用買賣標的物，有損害其他法益之虞時，出賣人即有此種義務。縱使出賣人並無說明之義務，但基於自願或買受人之請求而說明時，出賣人有謹慎細心說明之義務。

㈡百貨公司為方便顧客購物，設有兒童樂園 (Kinderparadies)，供顧客之小孩遊戲。百貨公司對小孩負有保護之義務，小孩受傷或遺失時，百貨公司對顧客，不是違反「契約外」之交易保護義務 (die außervertraglichen Verkehrssicherungspflicht)，而是違反「契約」之保護義務 (die vertragliche Schutzpflicht)，應賠償顧客因此產生之財產支出。小孩根據保護第三人之契約，亦有自己之請求權❶❹。

上述之從屬義務，當事人若認為重要時，亦得約定為出賣人之主要義務。

---

❶❹ Schlechtriem, aaO, S. 26.

第三項　權利瑕疵擔保義務

 問題之提出

㈠甲與乙訂立使用借貸契約，將一輛自行車借給乙使用，詎料乙竟將該自行車賣給不知情的丙，並將該自行車交付於丙。請問甲得否向丙追回該部自行車？丙得否請求乙負權利瑕疵擔保義務？

㈡A 的自行車置放在停車場，被 B 偷走。B 將該自行車賣給不知情的 C，並將該自行車交付於 C。請問 A 得否向 C 追回該部自行車？C 得否請求 B 負權利瑕疵擔保義務？

壹、概　說

我國民法有關權利瑕疵之規定，雖然屈指可數，但學說紛紜，非常複雜難懂。出賣人就買賣標的物之權利瑕疵是否應負擔保責任?民法第 349 條規定：出賣人應「擔保」……，學者通說認為是權利瑕疵「擔保」責任；縱使出賣人無過失，仍應就權利瑕疵負損害賠償責任。然而，民法第 353 條規定：「出賣人不履行第 348 條至第 351 條所定之義務者，買受人得依關於債務不履行之規定，行使其權利。」債務人於債務不履行時，原則上僅就故意或過失之行為負責任（民法第 220 條第 1 項）。因此，產生一個問題，即出賣人不履行第 348 條至第 351 條所定之義務，是負過失責任？抑或是無過失責任？主張擔保責任說者認為，民法第 353 條係法律效果之準用，而非法律構成要件之準用。因此，出賣人不履行第 348 條至第 351 條所定之義務，應負擔保責任（即無過失責任）❺。此種見解，使出賣人不履行第 348 條之給付義務，亦應負無過失責任，顯然違反民法之過失責任原則。

---

❺　黃立／楊芳賢，前揭書，第 38 頁。

於是，有學者主張，出賣人不履行第 348 條所定之義務者，適用債務不履行規定之「要件」及「效力」；出賣人不履行第 349 條至第 351 條所定之義務者，祇適用債務不履行規定之「效力」❶。另有學者認為，民法第 353 條中所稱第 348 條云者，係第 349 條之筆誤❷。

此外，出賣人不履行第 349 條所定之義務者，是否均應負擔保責任？有學者認為，買賣標的物交付後，出賣人始負權利瑕疵擔保責任；交付前，為債務不履行之範疇❸。有學者主張，應以買賣契約成立時為準；權利瑕疵於買賣契約成立時存在者，出賣人始負權利瑕疵擔保責任；若權利瑕疵於買賣契約成立時並未存在，而於嗣後始發生者，則為債務不履行之範圍❹。

何謂權利瑕疵？出賣人就權利瑕疵應負「擔保責任」？為使讀者瞭解我國民法有關權利瑕疵之規定，以及各種學說背後之理論基礎，本書擬論述權利瑕疵之沿革發展，以及權利瑕疵之各種不同立法例，最後才論述我國民法之規定。

貳、羅馬法之權利瑕疵擔保

一、羅馬法之追奪占有原則

依羅馬法之規定，買賣契約有效成立，買受人得請求出賣人給付買賣標的。依羅馬法學家之見解，出賣人僅有交付買賣標的物之義務；於通常情形，交付固然使買受人取得買賣標的物之所有權，但出賣人並不負移轉買賣標的物所有權於買受人之義務。出賣人雖不負移轉所有權之義務，但應擔保買受人之占有不受干擾；換言之，出賣人應擔保第三人不得追奪買受人之占有，使買受人在不受干擾下，得以繼續占有、使用、收益買賣標

---

❶ 黃茂榮，前揭書，第 365 頁。

❷ 邱聰智，前揭書，第 105 頁。

❸ 陳自強，《契約之內容與消滅》，2004 年 9 月一版再刷，第 157 頁及 158 頁。

❹ 鄭玉波，《民法債編各論上冊》，第 35 頁。

的物 (habere licere praestare)。例如：甲將一匹馬寄託於乙，並未授權乙出售該匹馬。詎料乙竟將該匹馬賣給丙，並交付給丙占有、使用、收益。因乙並非馬之所有權人，故丙無法取得該匹馬之所有權（羅馬法規定，任何人不得將大於自己所有之權利移轉於他人 nemo plus iuris transferre potest quam ipse habet，而且羅馬法不承認善意取得制度），但在甲向丙追奪該匹馬之前（甲也許不知丙買馬，故無法向丙追奪；甲也許知道丙買馬，但不想向丙追奪），丙之占有並未受干擾，故丙不得向乙主張任何權利。但若甲向丙追奪該匹馬時，丙應向乙告知訴訟，而乙即須參加訴訟，幫助丙共同對抗甲，直到丙敗訴，該匹馬為甲追回時，丙始能請求乙負權利瑕疵擔保責任，稱為追奪占有原則 (Eviktionsprinzip)[20]。反之，依照現代民法之規定，買賣契約有效成立，物之出賣人負有交付買賣標的物於買受人，並使買受人取得該物所有權之義務（我民法第 348 條第 1 項，德國民法第 433 條第 1 項，瑞士債法第 184 條第 1 項前段，奧地利民法第 1047 條及第 1061 條）。出賣人未依契約之本旨履行其使買受人取得買賣標的物所有權之義務時，即應對買受人負債務不履行責任（我國民法第 348 條第 1 項、第 353 條），不需等到第三人追奪占有，稱為使買受人取得所有權之原則 (Verschaffungsprinzip)[21]。

二、權利瑕疵擔保制度之根源

權利瑕疵擔保制度，有很多根源，其中之一，源自 mancipatio 買賣（即買受人訂立買賣契約時，必須將買賣價金實際交給持秤者，在一個持秤者

---

[20]　出賣人對買受人負損害賠償義務，並非因出賣人違反義務未使買受人取得買賣標的物之所有權，而是出賣人對買受人擔保其得繼續占有、使用、收益買賣標的物，但卻受第三人追奪占有，故稱此權利瑕疵擔保責任為追奪占有責任 (Eviktionshaftung)，請參照 Larenz, aaO, S. 31; Medicus, *Schuldrecht*, 2. Besonderer Teil, 8 neubearbeitete Auflage, 1997, S. 8.; Ernst (Wolfgang), *Rechtsmängelhaftung*, Tübingen, 1995, S. 126.

[21]　Kaser, aaO, S. 170.

及五個證人面前，買受人抓著買賣標的物，說：「我主張這個買賣標的物，依羅馬人之法律歸我所有。以這個銅製的秤及這些銅幣，這個買賣標的物應為我所購買。」對於買受人之主張，出賣人保持沈默，並且拿走持秤者所秤的買賣價金）。買受人依 mancipatio 方式取得買賣標的物後，第三人對買受人提起所有物返還訴訟，買受人應向出賣人告知訴訟 (litem denuntiare, auctorem laudare)，請求出賣人參加訴訟，輔助買受人進行訴訟，共同防衛買賣標的物。出賣人不參加訴訟 (auctoritatem defugere)，或雖然參加訴訟，但第三人仍獲得勝訴時，出賣人應賠償買受人兩倍之買賣價金 (duplum)。若買受人與出賣人嗣後因權利瑕疵發生訴訟，出賣人不得主張追奪占有之訴訟裁判不當 ❷❷。

權利瑕疵擔保制度，另一根源，則非源自 mancipatio 買賣，而是出賣人對買受人特別承諾，任何第三人不得對買受人追奪買賣標的物之全部或一部，使買受人在法律上得以不受干擾地占有、使用、收益買賣標的物；否則，依約定應支付買受人二倍、三倍或四倍之買賣價金 (das duplum, triplum, quadruplum des Kaufpreises) ❷❸。

出賣人「明知」他人之物或設定限制物權之物，未獲授權而出售，即出賣人惡意 (dolus) 之情形；或出賣人「保證」無權利瑕疵，卻存有權利瑕疵時，即出賣人不遵守保證 (dicta) 之情形；買受人在第三人追奪前，即得根據債務不履行之規定，請求出賣人損害賠償 ❷❹。

債權之出賣人，僅擔保債權存在 (debitorem esse)，並不擔保債務人之支付能力 (locupletem esse debitorem)。

三、小　結

綜合言之，依羅馬法之規定，買賣契約有效成立，出賣人僅負交付買賣標的物之義務，並不負移轉買賣標的物所有權之義務。因此，在買受人

---

❷❷　Hausmaninger/Selb, aaO, S. 294; Kaser, aaO, S. 172.

❷❸　Hausmaninger/Selb, aaO, S. 294; Kaser, aaO, S. 172.

❷❹　Kaser, aaO, S. 173.

已支付買賣價金而出賣人已交付買賣標的物之前提下，出賣人應擔保任何人（包括出賣人本身）不得對買受人追奪買賣標的物；否則，縱使出賣人無過失，亦應對買受人負損害賠償責任。

參、從法律比較之觀點，探討權利瑕疵擔保

一、　法國民法

依照法國民法第 1583 條之規定，祇要買賣契約當事人就買賣標的物及買賣價金互相表示意思一致，縱使出賣人尚未交付買賣標的物，買受人尚未支付買賣價金，亦足以發生買賣標的物所有權移轉之效果。這種制度，使買賣標的物之所有權，於買賣契約有效成立時，自動移轉於買受人；因此，在買賣契約有效成立後，出賣人不負使買受人取得買賣標的物所有權之義務。然而，根據法國民法第 1603 條之規定，出賣人負交付買賣標的物於買受人之義務；此外，出賣人就買賣標的物，並應負擔保之義務。

法國民法所規定之權利瑕疵擔保，是建構在羅馬法追奪占有原則之基礎上。因此，出賣人應擔保買受人就買賣標的之占有不受干擾（法國民法第 1625 條），於第三人向買受人追奪時，在追奪之訴訟中，輔助買受人進行訴訟；倘若買受人之買賣標的遭受追奪，則出賣人應對買受人負損害賠償責任（法國民法第 1626 條以下）❷❺。

二、　奧地利民法

㈠奧地利民法有關瑕疵擔保之一般規定 (§§922ff.)，係編排在「契約與法律行為之通則」內，而非編排在「買賣」內，故原則上適用於所有的雙務契約，不限於買賣契約。但因承攬契約 (§1167)、租賃契約 (§1096)、債

---

❷❺ Giger, *"Das Obligationenrecht,"* in: Schweizerisches Zivilgesetzbuch, 2. Abteilung, 1. Teilband, 1. Abschnitt, zweite unveränderte Aufl., 1980, S. 230; Coing, *Europäisches Privatrecht, Band II, 19 Jahrhundert, Überblick über die Entwicklung des Privatrechts in den ehemals gemeinrechtlichen Ländern*, S. 479.

權讓與 (§§1397ff) 及雙方之商業買賣 (§377 HGB)，就瑕疵擔保有特別規定，故應優先適用該規定。

㈡所謂瑕疵擔保，係指債務人就其提出之給付標的所具有之「物之瑕疵」或「權利瑕疵」，應負法定責任 (das gesetzlich angeordnete Einstehenmüssen des Schuldners) 者而言。瑕疵擔保責任，原則上適用於有償契約，僅於法律有明文規定時，才例外地適用於無償契約。

㈢所謂物之瑕疵，係指存在於物體上 (körperlich) 之瑕疵，即物缺乏契約所約定之品質或交易上通常應有之品質。所謂權利瑕疵，係指讓與人未使受讓人取得依契約之本旨應取得之法律上地位 (die rechtliche Position)。奧地利民法原則上將物之瑕疵與權利瑕疵做相同處理。

㈣瑕疵應於危險移轉時存在 (§§1048, 1094)；至於瑕疵是否於契約訂立時即已經存在，抑或於契約訂立後始發生，則在所不問❷❻。

㈤創設瑕疵擔保責任制度，理由在於雙務契約之當事人，彼此均認為，自己之給付與他方之給付，至少在主觀上係處於等價之關係，如果一方不依契約之本旨提出給付，則破壞給付等價之關係，故應以瑕疵擔保責任制度使當事人回復等價給付之關係。因其僅涉及雙方給付等價之關係，故瑕疵是否由債務人引起，債務人是否具有過失，並不是很重要❷❼。

㈥根據奧地利民法第 931 條之規定，第三人就買賣標的物，對買受人主張權利，而買受人欲請求出賣人負權利瑕疵擔保責任者，應向出賣人告知訴訟。假設買受人未向出賣人告知訴訟，則買受人雖不因此喪失權利瑕疵擔保請求權，但出賣人得以所有未向第三人行使之抗辯權，對抗買受人，並且因此在下列範圍內免除賠償責任，即買受人與出賣人若共同提出這些抗辯，將使對第三人之訴訟獲得另外一種判決（勝訴判決，或雖然敗訴，但獲得較買受人單獨訴訟有利之判決）。

---

❷❻　Koziol/Welser, aaO, S. 61, 75.

❷❼　Koziol/Welser, aaO, S. 61; Koziol/Welser 在以前之版本，認為債務人負無過失責任，在最新之版本，則改為債務人是否具有過失，並不是很重要。

三、　■■■■ 德國民法

德國民法於 2002 年 1 月 1 日修正，故有關權利瑕疵之規定，有舊法與新法之分。因我國民法有關權利瑕疵之規定，係繼受自德國舊法❷，故本書擬就德國舊法與新法分別敘述。

(一)德國舊民法有關權利瑕疵之規定

1.德國舊民法第 440 條第 2 項規定：「動產買賣，為移轉所有權之目的，將動產交付於買受人，若第三人有權占有買賣標的物，買受人僅於因第三人之權利而將買賣標的物交付於第三人，或將買賣標的物返還於出賣人或買賣標的物滅失時，得請求出賣人債務不履行之損害賠償。」此項規定，使人想起羅馬法之追奪占有原則 (Eviktionsprinzip)，但卻與追奪占有原則不同。第三人不須以訴訟途徑向買受人追奪買賣標的物之占有；買受人若確信第三人有權占有買賣標的物，亦不須為買賣標的物之占有而與第三人進

---

❷　德國民法（舊法）第 433 條規定：「(1)物之出賣人，因買賣契約而負交付買賣標的物於買受人，並使其取得該物所有權之義務。權利之出賣人，負使買受人取得其權利之義務，如因其權利而得占有一定之物者，並負交付其物之義務。(2)買受人負有支付約定之買賣價金於出賣人，並受領買賣標的物之義務。」

第 434 條規定：「出賣人負有義務，使第三人就買賣標的物對買受人不得主張任何權利。」

第 437 條規定：「(1)債權或其他權利之出賣人，應為其債權或權利在法律上確係存在負責任。(2)有價證券之出賣人，並應為其證券未為宣告無效之目的而公示催告負責任。」

第 438 條規定：「債權之出賣人就債務人之支付能力負責時，如有疑義，應認為出賣人僅為債權移轉時債務人之支付能力負責。」

第 439 條規定：「(1)買受人於買賣契約訂立時，知有瑕疵者，出賣人不必就權利之瑕疵負責。」

第 440 條規定：「(1)出賣人不履行第 433 條至第 437 條及第 439 條所規定之義務者，買受人得依第 320 條至第 327 條之規定，行使其權利。」

行訴訟；買受人得自願地將買賣標的物交付於第三人，或將買賣標的物返還於出賣人，而請求出賣人債務不履行損害賠償。所以，德國舊民法第440條第2項並非採取羅馬法之追奪占有原則 **❷⑨**。

2.德國舊民法第433條第1項規定：「物之出賣人，因買賣契約而負交付買賣標的物於買受人，並使其取得該物所有權之義務。權利之出賣人，負使買受人取得其權利之義務，如因其權利而得占有一定之物者，並負交付其物之義務。」德國舊民法第434條規定：「出賣人負有義務，使第三人就買賣標的物對買受人不得主張任何權利。」因此，出賣人使買受人取得之權利，應是不得附有任何負擔之權利。因出賣人對買賣標的權利之欠缺，而無法依契約之本旨或第433條、第434條之規定使買受人取得權利或無負擔之權利，即屬權利瑕疵。換言之，所謂權利瑕疵，係指出賣人使買受人取得之「權利」具有瑕疵，該瑕疵係存在於「權利」，而非「買賣標的物」，例如 **❸⓪**：

(1)出賣人本身並非物之所有權人，亦無法自物之所有權人取得所有權，故無法使買受人取得所有權。

(2)出賣人雖為物之所有權人，但已為第三人設定限制物權，例如地上權，而出賣人因無法排除第三人之限制物權，故無法使買受人取得無負擔之所有權 (lastenfreies Eigentum)。

(3)第三人就買賣標的物具有債法上之使用權，得以對抗買受人者，出賣人無法使買受人取得自由占有、使用、收益之所有權。例如，出賣人將房屋出租於第三人，並於交付第三人占有後，將房屋所有權移轉於買受人；因買賣不破租賃，故買受人對於該屋無法自由地占有、使用、收益。

---

❷⑨ 買受人自願地將買賣標的物交付於第三人後，向出賣人主張權利瑕疵，而出賣人否認買受人主張之權利瑕疵者，買受人須依德國舊民法第442條之規定，就權利瑕疵負舉證責任，請參照 Larenz, aaO, S. 35. 但 Coing 認為，德國舊民法第440條第2項係於「動產」保留追奪占有原則，請參照氏著，前揭書 S. 479。

❸⓪ Larenz, aaO, S. 28.

3.買賣標的具有權利瑕疵時，買受人首先得請求出賣人移轉所有權，而且是依第 434 條移轉無負擔之所有權；於出賣人不履行其義務時，例如無法排除瑕疵，或者排除瑕疵遲延，則買受人得依第 320-327 條 (§440 I) 契約不履行之一般規定請求出賣人損害賠償。換言之，權利瑕疵是出賣人給付義務不履行之問題，我們稱德國制度為使買受人取得權利原則 (das Verschaffungsprinzip)，與羅馬法、法國民法所規定之追奪占有原則不同。

⑴權利瑕疵能排除者：例如：房屋之出賣人，將房屋出租於第三人，並於交付第三人占有後，始將房屋所有權移轉於買受人，因買賣不破租賃，致使買受人對該屋無法占有、使用及收益，但不久租期屆滿，承租人遷出，已排除權利瑕疵。如出賣人交付房屋遲延，對買受人應負給付遲延之責任。

⑵權利瑕疵不能排除者：①出賣人於訂立買賣契約時，即自始無法履行其使買受人取得權利之義務，可分自始客觀不能與自始主觀不能。買賣標的如為河流、海洋、公用道路、廣場等不得為交易客體者 (res extra commercium)，為自始客觀不能，依德國舊民法第 306 條其買賣契約無效。出賣他人之物，而他人又不願割愛者，為自始主觀不能；權利瑕疵大多與自始主觀不能有關，德國通說認為，姑且不論第 439 條之規定 (相當於我國民法第 351 條)，出賣人自始主觀不能排除權利之瑕疵者，縱使出賣人沒有過失，買受人仍得根據第 325 條之規定 (相當於我國民法第 226 條及第 256 條)，請求出賣人債務不履行損害賠償或解除契約。②權利瑕疵之排除，於訂立買賣契約之後，始變成不能者，例如：出賣人於訂立買賣契約之後，始將買賣標的物之所有權移轉於第三人，則買受人得根據德國舊民法第 325 條之規定請求債務不履行損害賠償或解除契約。換言之，出賣人嗣後不能排除權利瑕疵者，依第 276 條至第 278 條之規定，僅於出賣人有故意過失時，買受人始得根據第 325 條之規定請求出賣人債務不履行損害賠償或解除契約❸。但買賣標的物為動產者，買受人於

❸　王澤鑑，〈三論「出賣他人之物與無權處分」：基本概念仍待澄清〉，收錄於《民

第 440 條第 2 項、第 3 項之要件下，始得請求出賣人債務不履行損害賠償。

(二)德國新民法有關權利瑕疵之規定 ❷

1.根據德國民法第 433 條第 1 項第二句之規定，出賣人使買受人取得之買賣標的物，應免於物之瑕疵及權利之瑕疵。因此，給付無瑕疵之物，變成出賣人之主要給付義務；出賣人給付有瑕疵之買賣標的物時，即構成民法第 280 條以下所規定之違反義務。所謂之瑕疵擔保法，已被整合在給付障礙法 (das allgemeine Leistungsstörungsrecht) 之內，此從德國民法第 437 條第 2 款及第 3 款之規定可知 ❸。買賣標的物是否具有物之瑕疵或權利瑕疵，係以危險移轉時為準 (§434 I 1)，通常即指買賣標的物交付時 (§446 S. 1)，在代送買賣之情形，指出賣人交付買賣標的物於承攬運送人，運送人或其他執行代送之特定人或機構時 (§447 I)。出賣人是否依契約之本旨履行債務，係以上開時點為準；在上開時點之前，買賣標的物若具有瑕疵，出賣人仍得排除瑕疵。

2.根據德國民法第 435 條之新規定，出賣人應使第三人就買賣標的物，對於買受人不得主張任何權利，但買受人於訂立買賣契約時，已經同意第三人在買賣標的物上之權利者，不在此限。例如：甲將一棟房屋賣給乙，

法學說與判例研究第五冊》，第 98 頁； Larenz, aaO, S. 32f.; Medicus, *Bürgerliches Recht*, S. 199f.

❷ 第 433 條第 1 項增訂第二句：「出賣人使買受人取得之買賣標的物，應免於物之瑕疵及權利之瑕疵。」

第 435 條規定：「第三人就買賣標的物，對於買受人不得主張任何權利，或僅能主張買受人在買賣契約內所同意之權利時，買賣標的物不具有權利瑕疵。不存在之權利，登記於土地登記簿上者，與權利瑕疵同。」

第 453 條規定：「(1)物之買賣之規定，於權利及其他標的之買賣準用之。(3)因權利而得占有一定之物者，該權利之出賣人，負交付無物之瑕疵及無權利瑕疵之物於買受人之義務。」

❸ Wörlen, *Schuldrecht BT*, 6 Auflage, 2003, S. 2, 7.

買賣契約內註明，該屋已經出租於丙，目前並由丙占有使用中，則甲僅負移轉該屋所有權於乙之義務，並不須提前終止租約。反之，買賣契約內若未註明該屋已經出租，則丙對買受人乙主張買賣不破租賃時（德國民法第566條第1項，第986條第1項第一句），乙得請求甲負權利瑕疵責任。

3.第三人對買受人主張之權利，可能是債權（如租賃權），可能是物權（如地上權），亦可能是專利權、商標權或著作權，這些權利可能影響買受人對於買賣標的之使用。例如：甲將仿冒之Louis Vuitton手提包一千個賣給乙精品店，結果被政府沒收，則乙得對甲主張權利瑕疵。

4.根據第435條第二句之規定，不存在之權利，登記於土地登記簿上者，與權利瑕疵同。雖然是不存在之權利，但既然登記於土地登記簿上，則可能危害買受人，故出賣人負有排除之義務；否則，登記名義人（非真正權利人）將該不存在之權利移轉於善意第三人時，該不存在之權利可能變成真正之權利。例如：甲有一塊土地，出賣給乙。甲之土地，並未設定任何限制物權，但因地政事務所承辦人員之疏失，登記丙為地上權人。丙在甲之土地上雖無地上權，但土地登記簿上卻登記丙為地上權人，故丙為地上權登記名義人，享有土地登記簿上之權利 (das Buchrecht)，對買受人乙而言，這是一個負擔，也是權利瑕疵，出賣人甲負有排除之義務。否則，丙將其登記之地上權出賣於善意之丁，並移轉登記於善意之丁，則丁將取得真正之地上權 (§892 I 1)。

四、　➕　瑞士債法

瑞士債法，就權利瑕疵之問題，採用雙軌制，即一方面採用使買受人取得所有權之原則 (Eigentumsverschaffungsprinzip)，另一方面採用追奪占有之原則 (Eviktionsprinzip)。換言之，第三人對買受人主張，其就買賣標的物享有權利，而使買受人取得之所有權受到限縮或剝奪時，出賣人對買受人即應負債務不履行之責任。此外，第三人對買受人起訴，追奪買受人對買賣標的物之占有時，出賣人對買受人應負權利瑕疵擔保責任[34]。

---

[34]　Guhl/Koller, aaO, S. 377.

㈠根據瑞士債法第 184 條第 1 項之規定，出賣人因買賣契約負有使買受人取得買賣標的物所有權之義務。出賣人使買受人取得之所有權，第三人對買受人不得有任何請求；第三人對買受人主張，其就買賣標的物有物權（所有權）、物權化之債權（在土地登記簿上登記之租賃權）或無體財產權時，出賣人即未履行或未依債之本旨履行其使買受人取得買賣標的物所有權之義務❸❺。此時，買受人得請求出賣人履行債務或損害賠償。買受人請求出賣人損害賠償，其請求權基礎有二，即契約不履行之一般規定（瑞士債法第 97 條以下）與權利瑕疵擔保之規定（瑞士債法第 192 條至第 196條）。權利瑕疵擔保之規定，與契約不履行之一般規定，係處於特別法與普通法之關係 (im Verhältnis von leges speciales zu leges generalis)，但並非一定適用特別法排除普通法之原則 (lex specialis derogat legi generali)，依瑞士學者之見解，雖然符合權利瑕疵擔保之要件，但買受人仍得選擇以契約不履行之一般規定請求損害賠償❸❻。然而，權利瑕疵擔保之規定，對買受人較有利，因在某些情況下，縱使出賣人無過失，買受人仍得請求出賣人損害賠償❸❼。

㈡瑞士債法第 192 條至第 196 條所規定之權利瑕疵擔保義務，原則上係繼受羅馬法之追奪占有原則，但有些微之變更❸❽。權利瑕疵擔保之要件

---

❸❺ 第三人如未對買受人主張權利，則買受人不得對出賣人主張權利瑕疵擔保責任，請參閱 Giger, aaO, S. 226; 但買受人得根據瑞士債法第 97 條對出賣人解除契約，請參照 Vischer/Cavin, *Obligationenrecht, Besondere Vertragsverhältnisse*, erster Halbband, Basel und Stuttgart, 1977, S. 64.

❸❻ Giger, aaO, S. 227; Guhl/Koller, aaO, S. 377.

❸❼ Giger, aaO, S. 226; Guhl/Koller, aaO, S. 377.

❸❽ Giger, aaO, S. 228, 246; Vischer/Cavin, aaO, S. 61.

瑞士債法第 192 條規定：「1.出賣人應擔保無第三人基於契約訂立時已經存在之法律上理由 (aus Rechtsgründen, die schon zur Zeit des Vertragsabschlusses bestanden haben) 對於買受人追奪買賣標的之全部或一部。2.買受人於訂立契約時，知有被追奪之危險者，出賣人僅於明示負擔保義務之範圍內，始應負擔保責任。3.出賣人故意不告知第三人之權利時，關於免除或限制出賣人擔保義

如下：

1.根據有效之買賣契約，已經交付買賣標的於買受人。

2.權利瑕疵於買賣契約訂立時即已經存在。

3.買受人於訂立買賣契約時，不知有被追奪之風險。

買受人於訂立買賣契約時，知有權利瑕疵者，法律上推定其拋棄權利瑕疵擔保請求權，但出賣人明示負權利瑕疵擔保義務者，不在此限。例如：出賣人與買受人訂立買賣契約時，第三人出來主張權利，出賣人為使買受

務之協議，不生效力。」

同法第 193 條規定：「1.第三人主張使出賣人負擔保義務之權利，而出賣人受訴訟告知者，應依當時之狀況及訴訟法之規定，輔助買受人進行訴訟，或代理買受人進行訴訟。2.買受人及時告知訴訟者，訴訟不利之結果，對出賣人亦生效力，但出賣人證明訴訟不利係因買受人故意或重大過失所致者，不在此限。3.非因出賣人之事由，而未告知訴訟時，出賣人證明若及時告知訴訟將獲得較有利之訴訟結果者，在此範圍內免除擔保之義務。」

同法第 194 條規定：「1.買受人及時向出賣人告知訴訟，並且促請出賣人參加訴訟或承當訴訟而無效果時，為避免法官做成裁判，依誠信原則承認第三人之權利或交付仲裁法庭處理者，出賣人亦應負擔保義務。2.買受人證明其有義務返還買賣標的物於第三人者，亦同。」

同法第 195 條規定：「1.買賣標的之全部為第三人追奪時，買賣契約視為解除，買受人得向出賣人為下列之請求：⑴請求返還已支付之買賣價金及利息，但應扣除買受人就買賣標的物所取得或怠於取得之孳息。⑵請求賠償買受人就買賣標的物所支出之費用，但以這些費用無法從第三人取得賠償者為限。⑶請求賠償訴訟所引起之法院內及法院外所有費用，但買受人若及時告知訴訟得避免之費用，不在此限。⑷請求賠償其他因買賣標的物被第三人追奪直接引起之損害。2.出賣人不能證明自己無過失時，對其他之損害，亦負賠償義務。」

同法第 196 條規定：「1.買賣標的物之一部為第三人追奪，或因可歸責於出賣人之事由，致買賣標的物設定限制物權時，買受人不得解除契約，但得請求出賣人賠償因買賣標的物被追奪所引起之損害。2.然而依情形足認，買受人若預見買賣標的物之一部為第三人追奪，即不欲訂立買賣契約者，買受人有權請求解除契約。3.此時，買受人應將未被追奪部分之買賣標的物，及其間之孳息，返還於出賣人。」

人安心，故向買受人明白表示負權利瑕疵擔保義務 **❸**。

肆、我國民法有關權利瑕疵之規定

一、概　說

　　從法史學及法律比較學之觀點，觀察權利瑕疵之制度，我們知道權利瑕疵之概念，不是一成不變，而是不斷地變動；不但因時間而改變，亦因空間而有不同。處理權利瑕疵之問題，基本上有三種類型，即第一，追奪占有原則，如羅馬法及法國民法；第二，使買受人取得所有權之原則，如德國民法及奧地利民法；第三，同時採用前述二個原則，即所謂之雙軌制，如瑞士債法 **❹**。

　　依羅馬法之規定，買賣契約本身，並未使出賣人負移轉所有權之義務，而僅使出賣人負交付買賣標的物之義務 (vacuam possessionem tradere) **❹**。因買賣契約僅使出賣人負交付買賣標的物之義務，故羅馬法有必要規定權利瑕疵擔保制度，藉以保障買受人之權益 **❹**，即出賣人應擔保買受人之占有不受干擾 (habere licere) **❹**；於買受人之占有受第三人訴訟追奪時，買受人應向出賣人告知訴訟，而出賣人應參加訴訟，輔助買受人對抗第三人，並於第三人主張之權利較強，買受人對買賣標的物之占有被追奪後，出賣人始應對買受人負權利瑕疵擔保責任。

---

❸　Guhl/Koller, aaO, S. 378.

❹　Giger, aaO, S. 228f ; Kaser, aaO, S. 170.

❹　Hausmaninger/Selb, aaO, S. 291; 根據法國民法第 1583 條之規定，買賣契約當事人就買賣標的物及買賣價金互相表示意思一致時，買賣契約成立，買受人即取得買賣標的物之所有權。因此，買賣契約有效成立後，並未使出賣人負移轉所有權之「義務」。根據法國民法第 1582 條之規定，出賣人負交付買賣標的物於買受人之義務。就此而言，法國民法與羅馬法是相同的。

❹　Vischer/Cavin, aaO, S. 60; Hausmaninger/Selb, aaO, S. 294.

❹　Hausmaninger/Selb, aaO, S. 294; 所謂擔保 (Gewährleistung)，依羅馬法，係指出賣人不論有無過失，均須負責。

　　近代民法（如奧地利民法、德國民法、瑞士債法），不但使出賣人負交付買賣標的物之義務，而且使出賣人負移轉買賣標的物所有權之義務。因此，當第三人對於買受人主張權利，買受人即得請求出賣人排除第三人之權利，即排除權利瑕疵，出賣人若無法排除權利瑕疵，即出賣人未履行其移轉無負擔所有權之義務時，出賣人即應負契約不履行責任，買受人即得解除買賣契約，並請求出賣人損害賠償，不必經告知訴訟及參加訴訟之程序；換言之，買受人得依債務不履行之規定，解決買受人與出賣人間關於權利瑕疵之問題。於是，德國民法之立法者，斷然廢除追奪占有原則（雖然追奪占有原則在十九世紀為德國主流之通說），而適用債務不履行之一般規定❹。瑞士債法雖保留追奪占有原則，但瑞士債法第 192 條至第 196 條之規定在實際上幾乎不具任何意義❺。

　　我國民法第 348 條至第 353 條之規定，係繼受自德國舊民法第 433 條第 1 項、第 434 條、第 437 條、第 438 條、第 439 條第 1 項及第 440 條第 1 項之規定。因此，我國民法有關權利瑕疵之規定，係採德國民法使買受人取得所有權之原則，而非追奪占有之原則。此外，物之買賣與權利之買賣，均有權利瑕疵之問題，本文原則上僅探討物之買賣；有關物之買賣之說明，應可類推適用於權利及其他標的之買賣，合先敘明❻。

---

❹　Vischer/Cavin, aaO, S. 61f. ; Coing, aaO, S. 478.

❺　Vischer/Cavin, aaO, S. 63; 但林誠二認為：「權利之瑕疵是否須於買賣成立時存在，我國民法並無明文規定。但瑞士債務法第 192 條第 1 項有明文規定，德國民法規定並不明確，我國學界通說認為德、法學者之解釋，均從瑞士債務法規定，權利之瑕疵應於買賣成立時存在，始生擔保責任……。」敬請參照氏著，前揭書，第 113 頁。

❻　德國民法於 2002 年 1 月 1 日修正，刪除其第 437 條（相當於我國民法第 350 條）、第 438 條（相當於我國民法第 352 條）及第 440 條（相當於我國民法第 353 條）之規定，而於第 453 條第 1 項新規定：「有關物之買賣之規定，於權利及其他標的之買賣準用之。」

二、權利瑕疵之意義

我國民法有關權利瑕疵之規定，係繼受德國民法「使買受人取得權利之原則」(das Verschaffungsprinzip)，而不是繼受羅馬法之「追奪占有原則」。因此，要瞭解我國民法權利瑕疵之意義，應從出賣人是否依買賣契約之本旨及民法第 348 條、第 349 條之規定，使買受人取得所有權（物之買賣）或權利（權利買賣）著眼，而不是從買受人對買賣標的物之占有，是否受第三人追奪觀察。

出賣人為履行其基於買賣契約所產生之債務，雖然從事所有權移轉之必要行為（動產為讓與合意加交付，不動產為讓與合意加登記），但因出賣人本身對於買賣標的物並無「所有權」或「無負擔之所有權」，故無法使買受人取得「所有權」或「無負擔之所有權」(lastenfreies Eigentum)，而第三人在法律上 (rechtlich) 得對於買受人主張權利時，出賣人此時即應負權利瑕疵之責任❹；例如：1.小偷甲出賣他人之物❹，買賣契約有效，但因出賣人甲本身並非買賣標的物之所有權人，亦無法從所有權人乙取得買賣標的物之所有權，故無法使買受人丙取得買賣標的物之所有權（在丙無法善意取得時）。2.甲有一塊土地賣給乙，但在土地上為丙設定地上權，當甲將土地所有權移轉給乙時，無法排除丙之地上權。3.甲有一棟房屋，出租給乙使用，嗣後將該屋賣給丙，並且移轉所有權給丙，但因買賣不破租賃，故乙得對丙主張租賃關係存在，所以甲無法使丙不受干擾地行使所有權之權能。因此，所謂權利瑕疵，係指存在於權利上之瑕疵 (ein Mangel im

---

❹ 如果採羅馬法之追奪占有原則，出賣人此時尚不須負權利瑕疵擔保責任，必須等第三人以訴訟向買受人主張權利，經買受人告知訴訟，出賣人參加訴訟後，仍然敗訴，買受人對買賣標的物之占有受第三人追奪後，出賣人始須對買受人負權利瑕疵擔保責任；敬請參閱黃立／楊芳賢，前揭書，第 36 頁。

❹ 最高法院 71 年臺上字第 5051 號判例：「買賣並非處分行為，故公同共有人中之一人，未得其他公同共有人之同意，出賣公同共有物，應認為僅對其他公同共有人不生效力，而在締約當事人間非不受其拘束。」因此，出賣人與他人共有之物，若未得他人之同意，逕予出賣，買賣契約於買受人與出賣人間仍屬有效。

Recht), 而非指買賣標的物之瑕疵 (kein Mangel des Kaufgegenstandes)。因有此瑕疵，出賣人無法使買受人取得依買賣契約所應取得之權利，即買賣標的物之所有權或無負擔之所有權 [49]。

三、權利瑕疵責任之要件

民法第 353 條規定：「出賣人不履行第 348 條至第 351 條所訂之義務者，買受人得依關於債務不履行之規定，行使權利。」是以，權利瑕疵責任，其構成要件為：買賣契約有效成立；出賣人不履行第 348 條至第 351 條所定之義務；出賣人具有過失；買受人於訂立買賣契約時，須非惡意，於受讓買賣標的時，須非善意；並無特約免除出賣人關於權利瑕疵之責任。茲擇要分別說明如下：

(一)須出賣人具有過失（權利瑕疵應於買賣契約成立時存在？）

我國學者通說認為，權利瑕疵擔保責任，不但權利須有瑕疵，而且其瑕疵須於買賣契約成立時既已存在；若權利瑕疵於買賣契約成立時並未存在，而於嗣後始發生者，則為債務不履行之一種，不屬於瑕疵擔保之問題 [50]。最高法院 71 年度臺上字第 4114 號民事判決亦採相同見解 [51]。為什麼權利瑕疵擔保責任屬於自始不能之問題，而非嗣後不能之問題？主張權利瑕疵應於買賣契約成立時存在，出賣人始負權利瑕疵擔保責任者，其主要依據有二，其一為瑞士債法第 192 條第 1 項之規定 [52]，其二為德國民法學者就

---

[49] Larenz, aaO, S. 28f.

[50] 史尚寬，《債法各論》，第 19 頁；鄭玉波，《民法債編各論上冊》，第 35 頁；邱聰智，前揭書，第 97 頁；林誠二，前揭書，第 113 頁；劉春堂，前揭書，第 39 頁。

[51] 最高法院 71 年度臺上字第 4114 號判決：「權利之瑕疵，出賣人對之負擔保責任者，以買賣契約成立時業已存在者為限，若於契約成立當時權利並無瑕疵，而嗣後權利始有欠缺，則僅生債務不履行或危險負擔之問題，與權利瑕疵擔保責任無關。」

[52] 敬請參照林誠二，前揭書，第 113 頁；史尚寬，前揭書，第 19 頁。

自始主觀不能排除權利瑕疵之昔日通說。本書認為，出賣人就權利瑕疵不負擔保責任，因此亦無「權利瑕疵應於買賣契約成立時存在，出賣人始負權利瑕疵擔保責任」之問題。試說明如下：1.瑞士債法就權利瑕疵之問題，採雙軌制，即一方面採「使買受人取得權利之原則」，另一方面採「追奪占有原則」。瑞士債法第 192 條第 1 項規定：「出賣人應擔保無第三人基於契約訂立時已經存在之法律上理由，對於買受人追奪買賣標的之全部或一部❸」，顯係追奪占有原則之規定。然而，我國民法第 348 條至第 353 條均係繼受自德國民法，不採用追奪占有原則，因此是否能依瑞士債法第 192 條第 1 項之規定而為解釋，並非毫無疑義。何況，依瑞士聯邦法院之判決 (BGE 39 II 753)，第三人對買受人主張之權利，應於買賣標的「交付買受人之前」已經存在 (Diese Rechte müssen schon vor der Übergabe des Kaufgegenstandes an den Käufer bestanden haben.)❸，並未嚴格要求依瑞士債法第 192 條第 1 項之規定，一定要在「買賣契約訂立時」即已經存在。況且，法國民法雖採取羅馬法之追奪占有原則，但並未規定權利之瑕疵必須於買賣契約成立時即已存在（法國民法第 1626 條）。奧地利民法亦僅規定瑕疵應於危險移轉時存在（奧地利民法第 1048 條），至於瑕疵是否於契約訂立時即已經存在，則在所不問。2.因德國舊民法債編總則就自始主觀不能並無明文規定,而德國學說認為債務人就自始主觀不能應負擔保責任,用以填補法律之漏洞。因此，德國學者認為，出賣人自始主觀不能使買受人取得無負擔之所有權，亦應負擔保責任。故權利瑕疵須於買賣契約成立時既已存在，出賣人始應負無過失責任（擔保責任）❸。然而，法律並未規定出賣人就自始主觀不能應負無過失責任；而且，同為主觀不能，不應

---

❸ 瑞士債法第 192 條第 1 項規定：Der Verkäufer hat dafür Gewähr zu leisten , dass nicht ein Dritter aus Rechtsgründen, die schon zur Zeit des Vertragsabschlusses bestanden haben, den Kaufgegenstand dem Käufer ganz oder teilweise entziehe.

❸ Guhl/Koller, aaO, S. 378.

❸ Medicus, *Schuldrecht, 2. Besonderer Teil*, 8. neubearb. Aufl. München, 1997, S. 10.

區別自始不能、嗣後不能，而異其責任 ❺❻。因此，不論買賣契約成立前後，產生之權利瑕疵，均適用權利瑕疵之規定 ❺❼，而出賣人係負過失責任，而非擔保責任。

(二)買受人於訂立買賣契約時，須非惡意；但於受讓買賣標的時，須非善意

民法第 351 條規定：「買受人於契約成立時，知有權利之瑕疵者，出賣人不負擔保之責。但契約另有訂定者，不在此限。」法律用語上，通稱不知其情事為善意，知悉其情事為惡意 ❺❽。買受人於訂立買賣契約時，明知買賣標的有權利瑕疵者，例如：明知買賣標的物為出賣人盜取之盜贓物，非屬出賣人所有，應認為買受人拋棄對於出賣人主張權利瑕疵之權利 ❺❾。蓋明知故買，心甘情願，非屬不測損害，法律並無保護之必要。故出賣人負權利瑕疵責任之要件，係買受人於訂立買賣契約時，非屬惡意。惟民法第 351 條前段之規定，並非強行規定，如當事人契約另有訂定，買賣契約成立時，買受人雖明知有瑕疵，而出賣人仍願負責任者，例如：買受人與出賣人訂立買賣契約時，第三人出來主張買賣標的物為其所有，被出賣人竊取。出賣人為使買受人安心，向買受人明白表示，買賣標的物確為出賣人所有，並非盜贓物，願負權利瑕疵責任者，自應從其約定。

買受人善意取得買賣標的物時，第三人（真正權利人）之權利消滅 ❻❶；

---

❺❻ 王澤鑑，〈自始主觀給付不能〉，載：《民法學說與判例研究第三冊》，第 56 頁；同作者，〈三論「出賣他人之物與無權處分」：基本概念仍待澄清〉，載：《民法學說與判例研究第五冊》，第 98 頁；同作者，《請求權基礎理論體系》，第 347 頁；Grunewald, "*Regelungsgehalt und System des deutschen Kaufrechts*," in: *Europäisches Kaufgewährleistungsrecht*, S. 11.

❺❼ Grunewald, aaO, S. 3.

❺❽ 邱聰智，前揭書，第 100 頁。

❺❾ 民法第 351 條之立法理由：「於訂立買賣契約之時，買受人明知其權利有瑕疵者，則應認為拋棄對於出賣人之追奪擔保權，如契約別無訂定，出賣人即不負瑕疵擔保之責。」

因此，第三人無從對於買受人主張任何權利，此時出賣人亦已履行其民法第 348 條之給付義務，故出賣人即不必依民法第 353 條之規定負權利瑕疵責任❻；例如：甲將其所有之自行車借給乙使用，乙將該車賣給丙，並交付給丙；丙不知該車非乙所有，依民法第 948 條及第 801 條之規定，雖然乙無移轉所有權之權利，丙仍取得該車之所有權。甲雖為真正所有權人，但因丙依法律之規定善意取得所有權，致使甲對該車之所有權消滅。故甲無從依民法第 767 條之規定對於丙主張所有物返還請求權，乙對丙亦不必負權利瑕疵責任。至於甲對於乙可以主張債務不履行損害賠償請求權或侵權行為損害賠償請求權，則係另一法律問題，不在此討論。

因善意取得制度，使權利瑕疵制度之重要性大幅滑落❷，出賣人僅於下列情形，始有就權利瑕疵負責任之可能❸：

1. 買賣標的物為盜贓物或遺失物，而被害人或遺失人自被盜或遺失之時起，二年以內向買受人請求回復其物時（民法第 949 條）。

2. 買受人於買賣契約成立後，買賣標的物交付（動產）或登記（不動產）前，知悉出賣人之權利有瑕疵。因買受人知悉權利之瑕疵，係在買賣契約成立「後」，故無第 351 條之適用；因買受人知悉權利之瑕疵，係在受讓買賣標的物所有權之「前」，故無法善意取得。此外，買受人因重大過失而不知買賣標的物非出賣人所有，致無法善意取得買賣標的物之所有權時，得請求出賣人就權利瑕疵負責任（德國民法第 932 條）。

---

❻⓪ 善意取得，為原始取得，故原真正權利人之權利消滅，敬請參閱鄭玉波，《民法物權》，60 年 5 月修訂六版，第 96 頁；王澤鑑，〈三論「出賣他人之物與無權處分」：基本概念仍待澄清〉，收錄於《民法學說與判例研究第五冊》，第 77 頁以下，尤其是第 100 頁；邱聰智，前揭書，第 102 頁；Larenz, S. 30.

❻① 王澤鑑，同❷，第 96 頁；Larenz, aaO, S. 30.

❷ Larenz, aaO, S. 30.

❸ Larenz, aaO, S. 30. 依德國民法第 932 條之規定，明知或因重大過失而不知，均屬惡意。

㈢須權利之瑕疵未能除去（須出賣人不履行第 348 條至第 351 條所定之義務）

權利瑕疵未能除去，出賣人始須負權利瑕疵責任。反之，若權利瑕疵已除去者，出賣人不必負權利瑕疵責任。例如買賣標的物之所有權，於買賣契約成立時，雖為第三人所有，但其後出賣人已因繼承、贈與取得其所有權，而能移轉於買受人❻❹。此外，甲偷乙之自行車，賣給丙，並且交付自行車於丙。乙發現時，甲向乙購買該自行車，乙同意將該自行車之所有權移轉於丙，或承認甲之無權處分行為（民法第 118 條第 1 項）者，亦同❻❺。

四、權利瑕疵責任之效力

民法第 353 條規定：「出賣人不履行第 348 條至第 351 條所定之義務者，買受人得依關於債務不履行之規定，行使其權利。」出賣人若未履行或未及時履行第 348 條所定之義務，縱使第 353 條並未明文規定，出賣人仍應依第 225 條以下（特別是第 264 條以下），負債務不履行責任。因此，第 353 條規定出賣人不履行第 348 條所定之義務者，買受人得依關於債務不履行之規定，行使其權利；在法律適用上，意義不大❻❻。第 353 條之重點，毋寧在於出賣人不履行第 349 條至第 351 條所定義務之情形。

出賣人使買受人取得權利，則第三人就買賣標的物，對於買受人不得主張任何權利。否則，出賣人負有排除第三人權利之義務，即排除權利瑕疵之義務。因此，民法第三四九條係同法第三四八條之補充規定。出賣人不能排除權利瑕疵，或排除權利瑕疵遲延時，買受人得依契約不履行之規

---

❻❹ 鄭玉波，《民法債編各論上冊》，第 5 頁；邱聰智，前揭書，第 101 頁；劉春堂，前揭書，第 40 頁；林誠二，前揭書，第 114 頁。

❻❺ Larenz, aaO, S. 31.

❻❻ Larenz, aaO, S. 27；民法第 353 條之規定，係繼受自德國舊民法第 440 條第 1 項；而德國舊民法第 440 條於 2002 年 1 月 1 日廢除，由新法第 437 條及第 439 條取代。

定行使權利（第 225 條以下及第 353 條）。因此，民法認為權利瑕疵是出賣人給付義務不履行之問題，即出賣人未依契約之本旨履行其使買受人取得權利之義務 **❻**。茲分別情形，說明如下：

㈠出賣人能排除權利瑕疵時，負有排除權利瑕疵之義務

例如：甲將一幅李梅樹之名畫「花與女」寄託於乙處，詎料乙卻將該畫賣給丙。丙在訂立買賣契約時，不知該畫非乙所有（非惡意），但在乙交付該畫於丙時，已知悉該畫非乙所有（非善意）。嗣後，乙向甲購買該畫，而甲也同意，並移轉該畫所有權於丙，或依第 118 條第 1 項之規定承認乙之無權處分行為。因甲同意割愛，故乙能排除權利之瑕疵；所以，乙負有排除權利瑕疵之義務。於乙排除權利瑕疵之前，丙得主張民法第 264 條同時履行抗辯，拒絕支付買賣價金。此外，丙亦得依民法第 229 條第 2 項催告乙履行排除權利瑕疵之義務，使乙陷於給付遲延，而依民法第 231 條之規定請求賠償因遲延而生之損害或依民法第 254 條之規定解除契約。

㈡出賣人不能排除權利瑕疵時

1.自始客觀不能

給付自始客觀不能，例如甲與乙訂立買賣契約，買賣標的為神話中之麒麟；買賣契約以不能之給付為契約標的，其契約依民法第 246 條第 1 項前段之規定為無效 **❻**。

---

❻ Larenz, aaO, S. 30；我國民法第 349 條係繼受自德國舊民法第 434 條，但似有誤譯，德國舊民法第 434 條規定：「Der Verkäufer ist verpflichtet, dem Käufer den verkauften Gegenstand frei von Rechten zu verschaffen, die von Dritten gegen den Käufer geltend gemacht werden Können.」（譯成中文，似為：出賣人負有義務，使第三人就買賣標的物，對於買受人不得主張任何權利。）但鄭玉波認為權利瑕疵擔保責任與債務不履行責任不同，請參閱氏著，前揭書，第 37 頁以下。

❻ 德國舊民法第 306 條規定，標的自始客觀不能為無效，但基於下列理由，該規定已於 2002 年 1 月 1 日修正時廢除，即其一，以自始客觀不能之給付為契約標的者，其契約為無效；這個規定在邏輯上並無強制力。依德國舊民法第 437

2.自始主觀不能

於訂立買賣契約時，買賣標的物屬於第三人所有，而該第三人卻不願意割愛，故出賣人自始主觀不能排除權利瑕疵。出賣人自始主觀不能排除權利瑕疵時，買受人得依關於債務不履行之規定，行使其權利；問題在於：買受人請求出賣人負權利瑕疵責任，是否以出賣人就權利瑕疵具有過失為要件？即出賣人就自己權利之瑕疵，是否認識或是否應認識？對此問題，有三種見解，即其一，擔保責任說：認為民法第 353 條規定，買受人得「依」關於債務不履行之規定，行使其權利，係指依民法第 225 條、第 226 條以下規定之「法律效果」而言，故不論出賣人有無過失，均應負責。蓋出賣人（債務人）就其締約時之給付能力，應負擔保責任❻❾。其二，過失責任說：認為民法第 353 條規定，買受人得「依」關於債務不履行之規定，行使其權利，係指依民法第 225 條、第 226 條以下規定之「構成要件」及「法律效果」而言，出賣人應有故意過失始須負責。蓋法條並無明文規定出賣人應負無過失責任，而自始主觀不能與嗣後主觀不能應相同處理，若為區別處理，不合事理❼❶。其三，折衷說：認為出賣人原則上應就其締約時之給付能力，負擔保責任。但出賣人自始主觀不能，係因出賣人事務範疇或影響力範圍外之事由而發生者，例如：甲於 12 時將其自行車賣給乙，但該自行車於 11 時被丙竊取，甲於 12 時訂立買賣契約時不知其自行車遭竊，甲無過失即免負責任❼❶。本書贊同過失責任說。

條第 1 項之規定（相當於我國民法第 350 條前段），買賣契約以自始客觀不存在之債權或其他權利為標的者，該買賣契約是有效，而非無效。其二，給付何時變成不能，繫於偶然，而且易於爭執，改採有效說，可以省去證明何時變成給付不能之難題；依德國新民法第 311 條之 1 第 1 項之規定，契約並不因標的自始客觀不能而無效。

❻❾ 史尚寬，《債法各論》，第 19 頁；鄭玉波，《民法債編各論上冊》，第 38 頁；王澤鑑，〈給付不能〉，收錄於《民法學說與判例研究第一冊》，第 429 頁。

❼❶ 王澤鑑，〈自始主觀給付不能〉，收錄於《民法學說與判例研究第三冊》，第 56 頁；王澤鑑，〈三論「出賣他人之物與無權處分」：基本概念仍待澄清〉，《收錄於民法學說與判例研究第五冊》，第 98 頁。

3.嗣後主觀、客觀不能

出賣人於訂立買賣契約時，具有履行債務之能力，但於訂立買賣契約之後，始不能為完全之給付（不能排除權利瑕疵）。此時，應以是否可歸責於出賣人而定，如不可歸責於出賣人，例如買賣標的物，於買賣契約訂立後，因地震而滅失，則買受人與出賣人均免給付義務（民法第 225 條第 1 項及第 266 條第 1 項）；如可歸責於出賣人，例如買賣契約訂立後，出賣人始為第三人設定地上權、典權，或將買賣標的物所有權移轉於第三人，則買受人得請求出賣人損害賠償（民法第 226 條第 1 項）及解除契約（民法第 256 條）❷。

(三)小　結

我國學者通說認為，權利瑕疵是擔保責任，是無過失責任，不問出賣人是否具有過失，均須負責；而且，權利瑕疵須於買賣契約成立時，既已存在始可 ❸。此種見解，似係依瑞士債法第 192 條之規定，而為之解釋。然而，誠如前面所述，我國民法第 348 條至第 353 條之規定，並非繼受瑞士債法第 192 條以下之「追奪占有原則」，而是繼受德國舊民法第 433 條以下之「使買受人取得權利之原則」。因此，我國有關權利瑕疵之規定，能否依瑞士債法而解釋，並非毫無疑問。

以前德國學者主張，自始主觀不能排除權利瑕疵，出賣人依擔保原則(nach Garantiegrundsätzen)，縱使無過失，亦應負損害賠償責任。這種見解有三個缺點，其一，何時引起給付不能，在訂立契約前？或在訂立契約後？往往繫於偶然，不易證明，但卻容易引起爭議。其二，債務人為給付之承諾，並不擔保他個人有給付之能力，如理解為債務人有擔保之意思，則不符合債務人之意思，而近於虛構。其三，無過失責任是例外，應有法律明

---

❼ 黃茂榮，前揭書，第 369 頁。

❷ 黃茂榮，前揭書，第 371 頁，主張於嗣後不能之情形，第 353 條所要準用者，當不祇法效之準用，構成要件亦在準用之列。

❸ 鄭玉波，《民法債編各論上冊》，第 35 頁、第 38 頁；邱聰智，前揭書，第 97 頁。

白規定或當事人明白約定；但自始主觀不能之法律效果，法律並無明文規定❼。因此，德國民法於 2002 年 1 月 1 日修正，依德國新民法第 433 條第 1 項後段之規定，出賣人使買受人取得之買賣標的物，應免於物之瑕疵及權利瑕疵。故出賣人負交付「無瑕疵之買賣標的物」於買受人，並使其取得該物「無瑕疵所有權」之義務❼。買賣標的物若具有物之瑕疵或權利瑕疵，表示出賣人違反義務。依德國新民法第 280 條第 1 項及第 311a 第 2 項之規定，債務人違反因債之關係所產生之義務者，債權人得請求其賠償因此產生之損害，但債務人違反義務，係出於不可歸責之事由者，不在此限。因此，不分自始不能、嗣後不能、主觀不能、客觀不能，一律採推定過失責任原則。出賣人有過失，才須負責❼。

五、權利瑕疵之特約

民法第 366 條規定:「以特約免除或限制出賣人關於權利或物之瑕疵擔保義務者，如出賣人故意不告知其瑕疵，其特約為無效❼。」民法關於權利瑕疵之規定，雖為法定責任之規定，但並非強行規定，故買受人與出賣人得以特約限制或免除出賣人之權利瑕疵責任，其情形有二，即減免責任之特約及加重責任之特約，分別敘述如下：

---

❼　Rolland, "*Regelungsgehalte der Vorschläge der Kommission zur Überarbeitung des Schuldrechts,*" in: *Europäisches Kaufgewährleistungsrecht, Reform und Internationalisierung des deutschen Schuldrechts*, 2000, S. 17.

❼　但我國學者主張，瑕疵擔保責任並非違反義務，請參閱鄭玉波，《民法債編各論上冊》，第 30 頁；邱聰智，前揭書，第 93 頁。

❼　王澤鑑，《請求權基礎理論體系》，第 347 頁；黃立／楊芳賢，前揭書，第 38 頁；Rollad, aaO, S. 22.; Huber/Faust, *Schuldrechtsmodernisierung*, Munchen 2002, S .353 f .

❼　我國民法第 366 條係繼受自德國舊民法第 443 條，但德國民法修正後，規定於第 444 條如下：「以特約排除或限制買受人因瑕疵而取得之權利者，如出賣人故意不告知其瑕疵或就買賣標的物之存在為保證者，不得主張該特約。」

(一)減免責任之特約

所謂免除，係指出賣人完全不必負權利瑕疵義務。所謂限制，係指出賣人仍須負權利瑕疵義務，但較原應負之義務減輕。所謂故意不告知其瑕疵，係指出賣人明知買賣標的之權利具有瑕疵，亦知道買受人不知其權利之瑕疵（買受人於契約成立時，知有權利之瑕疵者，出賣人不負擔保之責，故出賣人無須與買受人訂立特約減免責任），而與買受人訂立特約減免自己之責任，企圖矇混，顯然違反誠信原則，故其特約為無效。此外，出賣人向買受人「保證」買賣標的之權利存在而且無缺，使買受人訂立特約免除或限制出賣人之義務者，其法律效果如何，法律無明文規定，基於誠信原則之考量，亦應使之歸於無效。

(二)加重責任之特約

出賣人依法律規定，得不負權利瑕疵責任之事項，當事人亦得以特約使其負責。例如：買受人於契約成立時知有權利之瑕疵者，出賣人不負擔保之責，但買受人與出賣人以特約約定時，出賣人仍負擔保之責（民法第351條但書）。債權之出賣人，對於債務人之支付能力，原則上不負擔保責任，但買受人與出賣人以特約約定時，出賣人仍須負擔保責任（民法第352條前段）。

解　析

一、本問題應分二種情形討論，即(一)丙善意取得自行車，(二)丙並未善意取得自行車。

(一)丙善意取得自行車

1. 乙將甲之自行車賣給丙，係出賣他人之物，因買賣契約本身並不使買賣標的物發生移轉所有權之效果 (§348 I)，買賣契約有效成立。
2. 甲之自行車，乙並無處分之權利，故乙將甲之自行車移轉所有權於

丙（讓與合意＋交付，§761 I 前段），係無權處分，應經有權利人甲之承認始生效力 (§118 I)。若甲不承認，則乙之無權處分行為不生效力，即丙並不因乙之無權處分行為而取得自行車之所有權。

3. 假設乙將甲之自行車所有權移轉於丙時（讓與合意＋交付），丙係善意，則丙善意取得自行車之所有權 (§§948, 801)。當丙取得自行車所有權時，甲對自行車之所有權消滅。因此，甲不得向丙追回該部自行車，而丙亦不得請求乙負權利瑕疵擔保義務 (§349)。

㈡丙並未善意取得自行車

丙於訂立買賣契約時，不知自行車所有權不屬於乙所有，固屬善意；但於乙將甲之自行車所有權移轉於丙時，已知悉自行車非乙所有，乙並無處分權，則丙無法善意取得自行車之所有權 (§§948, 801)。因此，甲仍為自行車之所有權人，得請求丙返還自行車 (§767)。此時，丙得請求乙負權利瑕疵之義務 (§349)。

二、盜贓或遺失物，其被害人或遺失人，自被盜或遺失之時起，二年以內，得向占有人請求回復其物 (§949)。因此，A 在被盜後二年內，向 C 追回該部自行車。此時，C 得請求 B 負權利瑕疵之義務。反之，A 若在被盜後二年內未向 C 請求回復該部自行車，則不得再請求回復其物。此時，C 不得請求 B 負權利瑕疵之義務。

伍、結　論

㈠出賣人就權利瑕疵所負之責任，有三種模式，即 1.羅馬法、法國民法之追奪占有原則 2.奧地利民法、德國民法之使取得權利原則 3.瑞士債法兼採上述二項原則，即為雙軌制。

㈡依羅馬法、法國民法之規定，買賣契約有效成立後，出賣人僅有交付買賣標的物之義務，並不負移轉買賣標的物所有權於買受人之義務。因此，出賣人應擔保買受人之占有不受干擾，於第三人向買受人追奪買賣標的物時，經買受人告知訴訟後，出賣人應參加訴訟，幫助買受人共同對抗

第三人。萬一，買受人敗訴，買賣標的物被第三人追奪時，出賣人對於買受人應負權利瑕疵擔保責任，縱使出賣人無過失，亦應負責。

㈢奧地利民法、德國民法採用「使取得權利原則」，買賣契約有效成立後，物之出賣人負有二項義務，即交付買賣標的物之義務及移轉所有權之義務。假設第三人在買賣標的物上具有所有權、地上權或租賃權時，出賣人即未依債之本旨履行買賣契約所產生之債務，出賣人應負債務不履行責任。換言之，權利瑕疵，係屬於債務不履行之範疇。

㈣我國民法第 349 條至第 353 條、第 366 條之規定，均係繼受自德國舊民法，而不採用追奪占有原則，故我國民法所規定之權利瑕疵，應係債務不履行之問題，而與羅馬法、法國民法、瑞士債法不同。

 ## 第四項　物之瑕疵擔保義務

問題之提出

　　　　中古車商甲將一部二年新的轎車賣給乙，約定買賣價金新臺幣五十萬元。該部轎車交付於乙時，車上貼有「經檢查測試合格」之文書。然而，乙首次駕車上班，即發生車禍，理由是煞車系統故障。該部轎車因車禍而全毀，乙受傷住院一個月。乙主張該部轎車具有物之瑕疵，而解除契約，並請求甲返還買賣價金五十萬元、鑑定費用二萬元、醫療費用五萬元及一個月薪資五萬元。請問乙之主張是否有理由？

壹、羅馬法之物之瑕疵擔保

㈠古羅馬法規定，出賣人以 mancipatio（要式的現實買賣）方式出賣土地，附帶保證 (lex mancipio dicta) 土地面積，出賣人所告知之面積較實際面

積大，而且買賣價金係依土地面積大小計算者，買受人得以 actio de modo agri（有關土地的訴權）請求返還多付之買賣價金❼。於後古典時期，actio de modo agri 訴訟與 mancipatio 制度一起消失。

㈡物之瑕疵擔保責任制度，有許多根源；其中之一，係源自買受人之訴權 (actio empti)。出賣人明知買賣標的物具有瑕疵，卻惡意地 (dolo malo) 保持沈默，或甚至有意識地為不實之保證 (dictum)，則出賣人顯然違反買賣契約當事人間應遵守之誠信原則 (bona fides)。此時，買受人得解除契約或請求減少價金，以及請求賠償因物之瑕疵而間接引起之損害，例如：因牛性躁烈而踢傷買受人所造成之損害。

㈢物之瑕疵擔保責任制度，另外源自出賣人之特別保證，即出賣人保證買賣標的物不具有某些特定之瑕疵，或具有某些特定之品質。基於買受人之利益，出賣人應為其保證（或許諾）之正確性負責。例如：出賣人保證甲奴隸是身體健康的，但實際上甲奴隸有些耳聾，如果我們嚴格解釋出賣人之保證，則該契約係以自始客觀不能之給付為標的，契約應屬無效。但羅馬法學家 Ulpian 認為出賣人之給付義務，僅限於交付甲奴隸而已，至於甲奴隸之身體健康（品質），是屬於擔保之範疇。因此，給付義務與擔保義務應予以區分❼。

㈣羅馬法就奴隸及拖運動物（例如牛、馬、騾、驢）之買賣，制定特別法；這個特別法中，包含市場審判機關 (aediles curules) 所頒布之權利保護命令，規定出賣人就某些特定之瑕疵，負有說明之義務❽。這些項目之

---

❼　Kaser, *Römisches Privatrecht*, 11 Aufl., 1979, S. 173; 但 Hausmaninger/Selb, *Römisches Privatrecht*, 2. Verbesserte Aufl., 1983, S. 297, 認為買受人得請求差額之兩倍價金。

❼　Hausmaninger/ Selb, aaO, S. 298.

❽　例如：奴隸生病、殘障或具有某些個性上之瑕疵，如遊手好閒 (erro)、竊盜 (fur)、偷逃 (fugitivus)、搬屍者 (vispellio)。此外，奴隸或動物傷害他人，則其主人對他人應負損害賠償責任或將該奴隸或動物交付給被害人。依損害隨奴隸或動物之原則 (noxa caput sequitur)，新的主人（買受人）應為奴隸或動物以前所加於他人之損害負責，這是奴隸或動物之物之瑕疵，出賣人負有告知之義務。請參

瑕疵，如果存在，雖然不是很明顯，而且出賣人亦未明示擔保，但出賣人仍應負責。換言之，就奴隸及拖運動物在市場上所為之買賣，出賣人不論明示或默示均應負擔保責任，即不論出賣人有無過失均應負責。

奴隸買賣，市場審判官提供二種訴權給買受人選擇，即㈠解除訴權 (actio redhibitoria)，買受人於六個月內得返還奴隸於出賣人，並請求出賣人返還買賣價金。㈡減少價金訴權 (actio quanti minoris)，買受人若願保留奴隸，得於一年內請求出賣人返還買賣價金之差額（即奴隸有瑕疵與無瑕疵之價金差額）。

優士丁尼大帝編纂法典時，將市場審判官就物之瑕疵所為之權利保護命令，擴張及於所有的物之買賣。因此，不論是否在市場進行買賣，亦不論是否為奴隸或拖運動物之買賣，均得一體適用。

貳、我國民法有關物之瑕疵擔保之規定

一、理論根據

㈠出賣人就物之瑕疵應負責任，其理論根據何在？就此問題，有三種不同見解，分別析述如下：

1. 擔保說 (Gewährschaftstheorie) 或等價說 (Einstandstheorie)

主張擔保說之學者認為，出賣人並無給付無瑕疵物之義務。買賣契約有效成立後，出賣人負交付買賣標的物於買受人，並使其取得該物所有權之義務。出賣人若盡此義務，則已經完全 (in vollem Umfang) 履行其因買賣契約而產生之債務，縱使買賣標的物具有瑕疵，亦然。買賣契約之標的，係現狀之買賣標的物，而不是假設無瑕疵時之買賣標的物。因此，出賣人就物之瑕疵所負之責任，並非債務不履行之責任，而是買受人取得無瑕疵物之期待，因出賣人給付有瑕疵之物而落空。因買賣價金係以無瑕疵物估算，故當出賣人給付有瑕疵物時，買賣價金及買賣標的物即失去等價關係，為保護買受人之權益，於瑕疵重大，影響買賣契約之基礎時，容許買受人

閱 Kaser, aaO, S. 174; Hausmaninger/Selb, aaO, S. 299.

解除契約；或容許買受人減少買賣價金，藉以恢復買賣價金及買賣標的物之等價關係**❽**。

　　我國學者主張維持有償契約之交易安全者，認為瑕疵擔保責任之理論根據，在於維持有償契約之等價均衡，藉以特別保護交易安全；而且不論特定物買賣，抑或種類物買賣，均有適用**❽**，似採擔保說之見解。

2. 清償說 (Erfüllungstheorie) 或給付義務說 (Leistungspflichttheorie)

　　主張清償說之學者認為，出賣人有給付無瑕疵物之義務。買賣契約之標的，是給付無瑕疵之買賣標的物。因此，買賣標的物，不但不能有權利瑕疵 (ein Mangel im Recht)，而且不能有物之瑕疵 (ein Mangel an der Sache)；出賣人為物之瑕疵負責任，猶如為權利瑕疵負責任，均為出賣人未履行契約上之給付義務所負之責任**❽**。德國民法於 2002 年 1 月 1 日修正，於第 433 條第 1 項第二句規定：「出賣人使買受人取得之物，應免於物之瑕疵及權利瑕疵。」顯係採取清償說。我國最高法院 86 年臺上字第 2808 號民事判決似採清償說**❽**。

3. 折衷說

　　折衷說以買賣標的物為標準，區分為種類物買賣 (Gattungskauf) 及特定物買賣 (Stückkauf)，而分別處理。種類物買賣，係以種類指示給付物之買賣，買受人得請求出賣人依契約之本旨給付該種類之物。此外，當事人就給付物之品質有所約定時（例如：購買房車之目的，係前往西伯利亞工

---

❽　Reinicke/Tiedtke, aaO, S. 100f.

❽　鄭玉波，《民法債編各論上冊》，第 31 頁、第 41 頁；邱聰智，前揭書，第 96 頁、第 109 頁；林誠二，前揭書，第 108 頁；劉春堂，前揭書，第 34 頁、第 48 頁。

❽　Reinicke/Tiedtke, aaO, S. 100.

❽　最高法院 86 年臺上字第 2808 號民事判決，於處理特定物買賣時，認為出賣人有給付無瑕疵物之義務，似採清償說，其要旨如下：「按所謂之瑕疵，係指存在於物之缺點而言……但出賣人既有給付無瑕疵物之義務，買受人亦有拒絕受領瑕疵物之權利，在特定物之買賣……。」

作,則該房車之防寒設備,應特別加強),買受人得請求出賣人給付符合約定品質之物;若依法律行為之性質或當事人之意思不能定其品質時,買受人並得請求出賣人給以中等品質之物(民法第 200 條第 1 項)。假設出賣人交付買賣標的物於買受人,而該物並非屬於契約所約定之種類物,抑或不具約定之品質,或並非中等品質之物,則出賣人並未依債之本旨清償,債之關係並未消滅(民法第 309 條第 1 項)。因此,買受人得請求出賣人另行交付無瑕疵之物(民法第 364 條第 1 項)。故種類物買賣,出賣人負給付無瑕疵買賣標的物之義務,若具有物之瑕疵,即表示出賣人未履行其契約上之給付義務,採清償說或給付義務說。

反之,特定物買賣,係以特定物為買賣標的,即出賣人所負給付義務之客體係特定物。特定物具有物之瑕疵時,出賣人亦僅依現狀負交付該特定物,並移轉該特定物之所有權於買受人之義務。出賣人將該有瑕疵之特定物交付於買受人,並使買受人取得該特定物之所有權時,縱使該給付物具有物之瑕疵,出賣人亦已履行其契約上之給付義務。但買受人期待取得者,係無瑕疵之買賣標的物;買受人之期待,因出賣人之給付具有物之瑕疵而落空。因買賣價金係以無瑕疵物估算,買賣標的物具有瑕疵時,買賣價金與買賣標的在價值上即失去平衡;所以,應容許買受人向出賣人解除契約或減少價金,採擔保說或等價說 ⑧⑤。我國學者王澤鑑似採此說 ⑧⑥。

(二)本書見解:

1.出賣人是否有給付無瑕疵物之義務? 羅馬法學家 Ulpian 認為出賣人之給付義務,僅限於交付買賣標的物(例如:交付甲奴隸);至於買賣標的物之品質(例如甲奴隸之身體是否健康),則屬於擔保義務之範疇。因此,給付義務與擔保義務,區分為二個不同之領域 ⑧⑦。

Ulpian 認為出賣人並無給付無瑕疵物之義務,可能是擔保說之開山祖

---

⑧⑤ Larenz, aaO, S. 36f , 66f. , 77f

⑧⑥ 王澤鑑,〈物之瑕疵擔保責任、不完全給付與同時履行抗辯〉,收錄於氏著,《民法學說與判例研究第六冊》,第 115 頁以下。

⑧⑦ Hausmaninger/Selb, aaO, S. 298.

師。主張擔保說之理由，主要在於⑴出賣人往往並非商品製造人，故經常無法判斷商品是否具有瑕疵，亦無排除瑕疵之能力；⑵法律並未規定出賣人負給付無瑕疵物之義務；⑶出賣人給付有瑕疵之物時，法律並未規定買受人有請求出賣人排除瑕疵之權利；⑷出賣人給付有瑕疵之物時，法律並未規定買受人得請求出賣人另行給付（民法第 364 條第 1 項規定種類物買賣除外），或買受人得因債務不履行請求出賣人損害賠償（民法第 360 條規定，買賣之物缺少出賣人所保證之品質或出賣人故意不告知物之瑕疵者除外）❽❽。然而，擔保說有下列問題，即：⑴擔保說主張，買賣契約之標的，係現狀之買賣標的物，而不是假設無瑕疵時之買賣標的物，但卻又主張買賣價金係以無瑕疵物估算，其間似有矛盾。買賣契約之標的，既是現狀之買賣標的物，買賣價金為何不是依現狀之買賣標的物計價？⑵買賣契約之標的，既是現狀之買賣標的物，不是無瑕疵之買賣標的物，為何擔保說主張買受人期待取得無瑕疵之買賣標的物？且因出賣人給付有瑕疵之物而感到失望？⑶買賣契約之標的，既是現狀之買賣標的物，不是無瑕疵之物；出賣人給付有瑕疵之物時，為何要對買受人負物之瑕疵擔保責任？⑷擔保說主張，出賣人應給付無瑕疵之物，是契約的基礎 (Grundlage des Vertrages)，而不是契約的內容 (Inhalt des Vertrages)；這種主張純屬虛構，並無法律根據。⑸民法第 364 條第 1 項規定：「買賣之物，僅指定種類者，如其物有瑕疵，買受人得不解除契約或請求減少價金，而即時請求另行交付無瑕疵之物。」此條規定，明顯否定擔保說之見解。擔保說主張，出賣人並無給付無瑕疵物之義務，縱使出賣人給付之物有瑕疵，亦已完全履行其因買賣契約而產生之債務。債之關係既因清償而消滅，則買受人為何可以請求出賣人另行交付無瑕疵之物？因此，擔保說無法解釋民法第 364 條第 1 項之規定。

2. 2002 年 1 月 1 日，德國民法修正，於第 433 條第 1 項第二句規定：「出賣人使買受人取得之物，應免於物之瑕疵及權利瑕疵。」於第 437 條規定：「買賣標的物具有瑕疵（包括物之瑕疵及權利瑕疵），於滿足下列規定

---

❽❽ Reinicke/Tiedtke, aaO, S. 99; Larenz, aaO, S. 37, 66f.

之要件而又無其他規定時，買受人之權利如下：(1)依第 439 條請求另行給付，(2)依第 440 條、第 323 條及第 326 條第 5 項解除契約或依第 441 條減少買賣價金，及(3)依第 440 條、第 280 條、第 281 條及第 311 條之 1 請求損害賠償或依第 284 條請求無益支出費用之賠償。」於第 439 條第 1 項規定：「買受人得選擇請求出賣人排除瑕疵或交付無瑕疵之物，作為另行給付。」從上開規定，可知德國民法之新規定，不但物之瑕疵採清償說，而且權利瑕疵也是採清償說；物之瑕疵及權利瑕疵，均屬違反給付義務，為契約不履行之範疇，而揚棄擔保責任說之見解❽。

3.我國民法有關權利瑕疵及物之瑕疵之規定，原則上係繼受自德國民法之舊規定，德國民法學者認為權利瑕疵是債務不履行之範疇，就物之瑕疵則有擔保說與清償說之爭論。德國新民法規定，不論權利瑕疵或物之瑕疵，一律採清償說，不但簡化法律之適用，而且理論一貫，合情合理，並符合歐洲民法之發展趨勢，故本書認為清償說較妥適。

二、物之瑕疵擔保責任之要件

(一)前　言

1.民法第 354 條規定：「物之出賣人，對於買受人應擔保其物依第 373 條之規定危險移轉於買受人時，無滅失或減少其價值之瑕疵，亦無滅失或減少其通常效用，或契約預定效用之瑕疵。但減少之程度無關重要者，不得視為瑕疵。出賣人並應擔保其物於危險移轉時，具有其所保證之品質。」是以，物之瑕疵責任，其構成要件如下：

(1)不論是特定物買賣，抑或是種類物買賣，買賣契約應有效成立。

(2)須因可歸責於出賣人之事由，而給付具有物之瑕疵之物，即具備民法第 354 條第 1 項所規定之瑕疵，或不具備同條第 2 項所規定之保證品質。

(3)物之瑕疵須於危險移轉時存在。

---

❽　Olzen/Wank, *Die Schuldrechtsreform*, 2002, S. 68f.; Wörlen, aaO, S. 2, 22.

(4)須無免除物之瑕疵責任。

(5)須除斥期間尚未經過。

2.符合上述構成要件後，具有下列之法律效果，即買受人得：

(1)解除買賣契約，或請求減少價金 (§359)。

(2)請求不履行之損害賠償，但買賣之物，須缺少出賣人所保證之品質或出賣人故意不告知物之瑕疵 (§360)。

(3)即時請求另行交付無瑕疵之物，限於種類物買賣 (§364)。

(4)請求修補瑕疵（限於當事人有特別約定時）。

㈡民法第 354 條第 1 項所規定之瑕疵

1.概　念

所謂物之瑕疵，係指買賣標的物具備民法第 354 條第 1 項所規定之瑕疵，或不具備同條第 2 項所規定之保證品質 **❾⓪**。民法第 354 條第 1 項所規定之瑕疵，係指買賣標的物具有滅失或減少價值、通常效用或契約預定效用之瑕疵，易言之，即買賣標的物之實際品質與其應當具有之品質嚴重不符，而不利於買受人者而言 **❾①**。然而，何謂買賣標的物之品質？如何判斷買賣標的物是否具有瑕疵？

2.買賣標的物之品質

買賣標的物之品質，可分三個層面說明，即物理上之品質、內在價值之品質及經濟效用：

(1)物理上之品質：買賣標的物之物理上品質，例如：色澤（買受人買 D 色澤鑽石，而出賣人給的是 G 色澤鑽石）、大小（買受人買 40 號球鞋，而出賣人給 39 號球鞋，致無法使用）。

(2)內在價值之品質：買賣標的物，如房屋地點、面積大小、房屋新舊

---

❾⓪ Larenz, aaO, S. 36f.

❾① Larenz, aaO, S. 39; 但德國新民法已經刪除第 459 條第 1 項第二句之舊規定（相當於我民法第 354 條第 1 項但書），故價值或效用減少之程度無關重要者，仍為物之瑕疵，構成減少價金之事由。

等，均係內含於買賣標的物內，而影響買賣價金之因素。

(3)經濟效用：甲向乙購買一間餐廳，乙告訴甲該餐廳生意興隆，月營業額至少新臺幣一千萬元。甲經營後，一個月營業額才新臺幣五百萬元。德國法院認為，店面之營業額、獲利能力，並非買賣標的物之品質，因其受經營者之經營方法影響，繫於買賣標的物以外之因素。反之，德國學者則認為這是買賣標的物之瑕疵❷。因此，就這一部分而言，是有爭論的。

3. 如何判斷買賣標的物是否具有瑕疵

如何判斷買賣標的物是否具有瑕疵？理論上，有三種見解，即客觀說、主觀說、主觀─客觀說三種見解❸，分別說明如下❹：

(1)客觀之瑕疵概念 (Objektiver Fehlerbegriff)：客觀之瑕疵概念，最初係由德國帝國法院 (RG) 所主張，而由學者 Haymann 所創設，認為瑕疵就是買賣標的物不具有同種類物品通常具有之品質，而不利於買受人而言。因此，買賣標的物縱使不具約定之品質，但仍符合同種類物品通常具有之品質者，不具有物之瑕疵。

(2)主觀之瑕疵概念 (subjektiver Fehlerbegriff) 或稱具體之瑕疵概念 (konkreter Fehlerbegriff)：提倡主觀瑕疵概念者，認為在訂立買賣契約之前，出賣人往往會告訴買受人，也許是口頭陳述，或許是以目錄、廣告描述，買賣標的之種類及品質，例如：這個戒指是純金的，抑或是鍍金的；這件衣服是天然絲的，抑或是人造絲的；這個皮包，是真牛皮的，抑或是人造纖維皮的。出賣人所給的資訊，是買受人訂立買賣契約之基礎，如果買賣標的物不具有出賣人所告知之品質，並且因此使得買賣標的物之價值或效用嚴重減少（與具有出賣人所告知品質之物比較），該買賣標的物即具有瑕疵。因此，買賣標的物不具有當事人訂立買賣契約時所預定之品質者，即具有瑕疵；此種主觀之瑕疵概念或具體之瑕疵概念，為德國法院目前之見

---

❷　Ernst, (Astrid) aaO, S. 56.

❸　王澤鑑，〈出賣之物數量不足、物之瑕疵、自始部分不能與不當得利〉，收錄於氏著，《民法學說與判例研究第八冊》，2003 年 9 月出版，第 171 頁。

❹　以下說明，係參考 Larenz 之見解，請參照 Larenz, aaO, S. 38f.

解，幾乎為德國學者一致肯定。此種見解特別強調，出賣人將買賣標的物當作「什麼東西」(als was) 出賣，為何種特殊之目的 (zu welchem besonderen Zweck) 而出賣。例如：一塊土地，不論基於事實上之理由，或基於法律上之理由，不得為任何建築。如果出賣人就該土地之使用目的，未作任何說明，則該土地不具有物之瑕疵。反之，如果出賣人係以「建地」出賣該土地，則該土地不得為任何建築，即係不具有契約預定效用之瑕疵❾❺。

　　(3)主觀—客觀之瑕疵概念 (subjektiver-objektiver Fehlerbegriff)：此說認為，買受人就買賣標的物所能期待之品質，主要係來自出賣人就買賣標的物之說明或標示；如果出賣人未有任何表示，則依同種類物品之通常價值及效用❾❻。買受人所能期待之品質，即為買賣標的物應當具有之品質 (Sollbeschaffenheit)。買賣標的物實際之品質 (Istbeschaffenheit)，若與應當具有之品質不符，而不利於買受人者，即具有瑕疵。

> 例題 1. 甲向乙購買一船的鯨魚肉，而事實上該船所載係鯊魚肉。依客觀之瑕疵概念說，鯊魚肉與鯨魚肉係不同種類，而乙交付給甲之鯊魚肉與一般鯊魚肉並無不同，所以這不是瑕疵之問題，不能適用民法第 354 條以下之規定，而是錯誤之問題，可以撤銷錯誤之意思表示❾❼。反之，依主觀之瑕疵概念，買賣標的物依契約應是鯨魚肉，而事實上卻是鯊魚肉，顯不具有約定之品質，故為民法第 354 條第 1 項所

---

❾❺ 我國最高法院 49 年臺上字第 376 號判例：「上訴人出賣與被上訴人之土地，登記之地目既為建築用地，依民法第 354 條第 1 項之規定，自負有擔保其物依第 373 條危險移轉於買受人時，無滅失或減少其價值之瑕疵，或減少通常效用或契約預定效用之瑕疵。茲系爭建地在交付前既屬於運河碼頭用地，依照都市計畫不得為任何建築，則不惟其通常效用有所減少……」，係以減少通常效用作為構成瑕疵之原因，似採客觀之瑕疵概念。

❾❻ 有些學者將主觀—客觀之瑕疵概念，列入主觀之瑕疵概念，敬請參照 Ernst (Astrid), aaO, S. 57; 但本書認為兩者仍有不同，故不宜合一觀察，相同見解，請參❾❸，王澤鑑，第 171 頁。

❾❼ 鄭玉波認為種類不符，則屬錯誤之問題，似採客觀之瑕疵概念，請參前揭書，第 43 頁。

規定之瑕疵。甲不是主張撤銷錯誤之意思表示，而是主張物之瑕疵責任 **❾❽** 。

例題 2. 甲向乙購買李梅樹之畫，但乙卻交付李松樹之畫給甲。依客觀之瑕疵概念說，李松樹之畫並非李梅樹有瑕疵之畫，故並非瑕疵。反之，依主觀之瑕疵概念說，甲乙間約定之買賣標的物，是李梅樹之畫，不是李松樹之畫；故乙交付李松樹之畫，顯不符合當事人約定之品質，所以具有瑕疵。

例題 3. 甲向乙購買一塊面臨臺灣海峽的土地，乙向甲說明該土地與海峽間一塊鄰地禁建，故甲在其土地上興建房屋，得以擁有非常波瀾壯闊之景致。甲在該土地興建別墅後，鄰地卻蓋起臨海大樓，擋住甲屋之視線。依客觀之瑕疵概念說，世界上沒有一種土地，稱為鄰地禁建之土地，故無同種類物品作為比較之基礎，故不具瑕疵。反之，依主觀之瑕疵概念說，鄰地興建臨海大樓，表示不具契約預定之效用，故具有瑕疵。

4.買賣標的物之實際品質與其應當具有之品質嚴重不符 **❾❾**

買賣標的物之實際品質與其應當具有之品質不符，即減少之價值或效用，應達重要之程度，始構成物之瑕疵。否則，依民法第 354 條第 1 項但書之規定，不得視為瑕疵。減少之價值或效用，是否達重要之程度，應特別考量買受人對於買賣標的物之使用目的 (Verwendungszweck) 及一般交

---

❾❽ 有些學者主張，買鯨魚肉，給鯊魚肉，並不是買賣標的物之實際品質與應當具有之品質不符，而是交付「他物」，縱使採主觀之瑕疵概念說，亦非「物之瑕疵」，而是債務不履行，請參閱 Ernst (Astrid), aaO, S. 59f., 但德國民法第 434 條第 3 項之新規定：「出賣人交付他物（非買賣標的物）或數量短缺者，與物之瑕疵同。」因此，依新規定，交付他物與物之瑕疵，做相同處理，簡化法律之適用。

❾❾ 德國民法於 2002 年修正，廢除舊法第 459 條第 1 項第二句之規定（相當於我國民法第 354 條第 1 項但書之規定），因此，減少之價值或效用，無關重要者，仍視為瑕疵，得依第 441 條第 1 項之規定減少價金，請參閱 Olzen/Wank, aaO, S. 84.

易觀念 (Verkehrsanschauung) 而定。例如：購買中古車之目的，在於作為交通工具使用，則該車之引擎受損，應為瑕疵；反之，若係作為觀賞使用，則該車之引擎受損，即非為瑕疵。

(三)民法第 354 條第 2 項所規定之保證品質

1. 保證品質

(1)保證：所謂保證，係指出賣人特別擔保買賣標的具有特定之品質，於買賣標的不具有特定品質時，願為其結果負責任之意思表示 (BGH NJW 1991, 912)。出賣人之保證，原則上應以明示為之；默示之保證，應從嚴解釋 (BGH NJW-RR 1996, 951)。

(2)品質：出賣人所保證之品質，係買賣標的物，於危險移轉時，所具有之特性，足以影響該物之價值或買受人是否購買之決定者而言。例如：出賣人向買受人保證買賣標的物係 CHANEL 服飾、Mont Blanc 名筆等。缺少出賣人所保證之品質，不以具有減少或滅失價值或契約預定效用之瑕疵為要件，例如服飾雖非 CHANEL，但仍可以穿著，雖未減少契約預定之效用，但對 CHANEL 之愛好者而言，就是缺少保證品質。反之，出賣人向買受人保證買賣標的物（房屋），將來會升值，則非民法第 354 條第 2 項所規定之品質。

2. 類似概念之區別

(1)民法第 354 條第 1 項所規定之「契約預定效用」與同條第 2 項所規定之「出賣人所保證之品質」有何不同？所謂契約預定之效用，係指該種類之物在一般交易觀念上未必有此效用，但當事人特以契約預定其效用。例如：乘馬在一般交易觀念上以可供乘騎即可，未必須日行千里，但若當事人特別定明該馬為千里馬時，則日行千里即為契約預定之效用，因而該馬若祇日行五百里時，即為效用之減少[100]。雖然當事人特以契約明定該馬為千里馬，但並非表示出賣人保證該馬為千里馬。甲向乙訂購混凝土地板，約定地板中不能含有木頭、煤炭等雜質。因甲訂購時，僅描述混凝土地板

---

[100]　鄭玉波，《民法債編各論上冊》，第 42 頁。

之性質，而經乙承諾，故為民法第 354 條第 1 項所規定之契約預定效用，尚非同條第 2 項所規定出賣人保證品質 (BGH NJW 1996, 838)。丙向丁購買一棟住宅，之前該屋為丁所居住。交屋後，丙發現該屋有倒塌之虞，故不能居住。丁係以供居住之意思出售該屋，現在該屋無法居住，顯係民法第 354 條第 1 項所規定之「具有滅失契約預定效用之瑕疵」，但卻不構成同條第 2 項所規定之「不具有出賣人所保證之品質」(BGH NJW 1996, 2027)。

(2)甲向乙購買一支手錶，乙表示該手錶擔保十年，十年內出現之所有瑕疵，乙均願負責，此為耐用期間之擔保 (Haltbarkeitsgarantie)。有此擔保，所有在此期間內出現之瑕疵，均推定在危險移轉時即已存在；乙若要免責，應負舉證責任，此為舉證責任之轉換 (BGH NJW 1996, 2504)。此外，甲解除契約或減少價金之除斥期間，係自發現瑕疵時起算，而非自交付時起算，應予以注意。假設乙交付手錶於甲時，附上一張該手錶製造商之擔保卡 (Herstellergarantie)，這個擔保契約，係由乙以手錶製造商之代理人名義，與甲訂立，故擔保契約存在於製造商與甲之間。另外一種見解，認為擔保契約存在於手錶製造商及乙之間，但係為甲之利益，即利益第三人之契約。甲於手錶有瑕疵時，得選擇向出賣人乙或手錶製造商請求負物之瑕疵責任。

(3)甲向乙購買一塊土地，乙向甲擔保該土地將來可以作為建地使用。因民法第 354 條第 1 項及第 2 項之規定，均係以「危險移轉時」作為擔保或保證之時點，而非以「將來」之事情作為擔保或保證之客體。故擔保土地將來可以作為建地使用，應是一項獨立之擔保 (selbständige Garantie)，構成一項新的契約義務。除契約另有約定外，此擔保請求權之時效期間為十五年（民法第 125 條）。

㈣物之瑕疵須於危險移轉時存在

依民法第 354 條第 1 項之規定，物之出賣人，僅就危險移轉時所存在之物之瑕疵負責。所謂危險移轉時，原則上係指交付時（民法第 373 條）**[101]**。

---

[101] 不動產所有權先移轉登記於買受人，而後交付不動產者，危險負擔何時移轉？最高法院 47 年度臺上字第 1655 號判例：「民法第 373 條所稱之危險負擔，除

於危險移轉「前」，出賣人有權排除物之瑕疵；於危險移轉「後」，出賣人是否有權排除物之瑕疵，德國民法修正前，學說上有爭議，德國學者通說認為，於危險移轉後，出賣人是否有權排除物之瑕疵，端視買受人之意思而定；買受人如果不願等待出賣人修繕，或願接受有瑕疵之物而請求減少價金，則出賣人無排除瑕疵之權利。反之，買受人若同意出賣人修繕，則在修繕之必要時間內，買受人不得解除契約或減少價金。此外，買受人並無請求出賣人排除瑕疵之權利，因為法律並未賦予買受人修繕請求權[102]。但德國民法修正後，於第 437 條第 1 項第 1 款及第 439 條第 1 項規定，買受人得請求出賣人排除瑕疵；而且，此為買受人解除契約或減少價金之先決要件，故德國學者認為上開規定，是出賣人於危險移轉後，得排除物之瑕疵之根據[103]。

　　物之瑕疵無法排除（或在清償期前無法排除），或出賣人明白表示不願排除物之瑕疵時，買受人得否於危險移轉「前」對出賣人行使因物之瑕疵而產生之權利？有肯定說與否定說兩種不同之見解。否定說認為，買受人因物之瑕疵而取得之權利，自危險移轉時起才產生；因此，於危險移轉前，買受人並無該項權利。肯定說認為，買受人因物之瑕疵所取得之權利，於買賣契約訂立時，或物之瑕疵發生時，或缺少保證品質時，即已產生；但出賣人於危險移轉前，有排除瑕疵之權利，為保障出賣人之利益，故買受人因物之瑕疵而取得之權利，應延至危險移轉時才能行使。若物之瑕疵無法排除，或出賣人明白表示不排除物之瑕疵時，買受人於危險移轉前，即

契約另有訂定外，概自標的物交付時起，移轉於買受人，至買受人已否取得物之所有權，在所不問。」最高法院判例顯然認為仍以交付為準。但學者多數認為所有權既已移轉，標的物縱未交付，危險亦應由買受人負擔，如鄭玉波，《民法債編各論上冊》，第 43 頁及第 73 頁註 16 所引學者之見解。德國民法第 446 條第 2 項之舊規定：「不動產、已登記船舶或造船廠之買受人，於交付前，已在不動產登記簿、船舶登記簿或造船廠登記簿上登記為所有權人者，危險於登記時移轉。」此項規定，於 2002 年修正時，已經廢除，應予以注意。

[102]　Larenz, aaO, S. 44.

[103]　Wörlen, aaO, S. 10.

得對出賣人行使因物之瑕疵而取得之權利。德國帝國法院及聯邦最高法院採否定說，但德國學者通說卻採肯定說❿。我國最高法院及學者通說均採肯定說❿。

㈤須無免除物之瑕疵責任

物之瑕疵責任，係任意規定，得因法律規定或契約約定而免除。因此，出賣人負物之瑕疵責任，其前提要件，係物之瑕疵責任未因法律規定或契約約定而免除。茲就法定免除及約定免除，分別說明如下：

1.法定免除

⑴民法第 355 條規定：「買受人於契約成立時，知其物有前條第 1 項所稱之瑕疵者，出賣人不負擔保之責。買受人因重大過失，而不知有前條第 1 項所稱之瑕疵者，出賣人如未保證其無瑕疵時，不負擔保之責。但故意不告知其瑕疵者，不在此限。」

依民法第 355 條第 1 項之規定，買受人於契約成立時，知其物有同法第 354 條第 1 項所稱之瑕疵者，出賣人不負同法第 354 條第 1 項之擔保責任❿。所謂知悉瑕疵，依德國聯邦最高法院之見解，係指買受人知悉物之

---

❿ Larenz, aaO, S. 45, 47.

❿ 最高法院 86 年臺上字第 1023 號判決：「民法第 354 條規定出賣人應擔保其物在危險移轉於買受人時，無瑕疵之存在，係使出賣人於危險移轉前，除去瑕疵而為給付，如於交付前已有瑕疵存在，而該瑕疵已確定不能除去，或出賣人明確表示拒絕擔保者，縱出賣人尚無交付標的物之義務，買受人亦得依瑕疵擔保之規定行使權利。」足資參考。但梅仲協似採否定說，敬請參閱氏著，《民法要義》，第 253 頁。

❿ 德國舊民法第 460 條第一句規定：「買受人於買賣契約訂立時，知有瑕疵者，出賣人就買賣標的物之瑕疵不必負責。」很顯然地，此處所謂瑕疵，包括同法第 459 條第 1 項及第 2 項之瑕疵（相當於我國民法第 354 條第 1 項及第 2 項之瑕疵）。換言之，買受人於買賣契約訂立時，知買賣標的物不具出賣人所保證之品質者，出賣人就此部分之瑕疵，不必負責。但出賣人若承諾，將於交付「前」排除買受人所知悉之瑕疵者，出賣人負有排除瑕疵之從屬給付義務

瑕疵，並且知悉買賣標的物之價值、通常效用或契約預定效用，將因該瑕疵而減少**⑩**。

依民法第 355 條第 2 項之規定，買受人因重大過失，而不知同法第 354 條第 1 項所稱之瑕疵者，出賣人亦不負擔保之責，但出賣人保證無瑕疵或故意不告知瑕疵者，不在此限。此處所謂之過失，類似民法第 217 條所規定之「與有過失」，係指任何從事交易之當事人，為避免自己受損，應依社會上交易之標準，盡相當之注意，而卻疏於注意。買受人疏於此種注意，雖非如債務人違反義務一般，但卻必須承擔因此產生對自己之損害。換言之，買受人因重大過失而不知瑕疵時，對於「並未保證無瑕疵」及「並未故意不告知瑕疵」之出賣人，不得請求負擔物之瑕疵擔保責任**⑩**。

一般而言，買受人於訂立買賣契約之前，並無仔細調查研究買賣標的物之義務，但藝術品、古董之買賣，依交易習慣，買受人有調查研究真偽之義務。若有特殊狀況，發出警訊，促請買受人注意，而買受人竟未予以注意，則為重大過失，例如：甲購買十年之中古房車，該車底盤生銹，已經露出破洞，而甲在檢視時，竟毫無所悉，顯有重大過失 (OLG Köln NJW-RR 1992,. 49)。

甲購買二十年之舊轎車，雖然該車瑕疵明顯可見，但甲卻未檢視其安全設備，顯有重大過失 (OLG Hamm Zfs 95; 176)。著名之畫廊，於拍賣市場購買名畫時，應調查該畫之真偽 (LG Bielefeld NJW 1990, 1999)。綜上所述，於買受人明知或因重大過失而不知民法第 354 條第 1 項所稱之瑕疵者，出賣人原則上不負擔保之責（民法第 355 條）。反之，於權利瑕疵之情形，

(Nebenleistungspflicht)。出賣人若因故意過失未履行此項義務者，應依債務不履行之規定負責。假設排除瑕疵，係自始客觀不能，則因其僅係從屬給付義務，故整個契約不會因此而無效。此時，雖有德國舊民法第 460 條第一句之規定，但買受人仍有物之瑕疵擔保請求權，請參照 Larenz, aaO, S. 47f.; Medicus, *Schuldrecht*, S. 22.

⑩ Larenz, aaO, S. 47.

⑩ Larenz, aaO, S. 47.

僅於買受人明知權利瑕疵時，出賣人始不負擔保之責；若買受人因重大過失而不知權利瑕疵時，出賣人仍須負擔保之責。民法第 351 條與同法第 355 條就此部分之規定，稍有不同，應予注意。

(2)民法第 356 條規定：「買受人應按物之性質，依通常程序從速檢查其所受領之物。如發見有應由出賣人負擔保責任之瑕疵時，應即通知出賣人。買受人怠於為前項之通知者，除依通常之檢查不能發見之瑕疵外，視為承認其所受領之物。不能即知之瑕疵，至日後發見者，應即通知出賣人，怠於為通知者，視為承認其所受領之物。」重大明顯之瑕疵，買受人怠於檢查、通知，則視為承認其所受領之物。因此，出賣人不負物之瑕疵擔保責任 [109]。

(3)強制執行法第 69 條規定：「拍賣物買受人就物之瑕疵無擔保請求權。」此條規定，於不動產之強制執行，準用之（強制執行法第 113 條）。因此，不論動產，抑或不動產，其強制執行，出賣人不負物之瑕疵擔保責任 [110]。

(4)德國舊民法第 464 條規定：「買受人明知買賣標的物具有瑕疵而受領者，僅於受領時保留其因物之瑕疵而取得之權利時，始得主張第 462 條、第 463 條之請求權。」依此規定，買受人受領時，若未保留，則不得主張解除契約、減少價金及損害賠償。德國舊民法第 464 條之規定，並非買受人拋棄因物之瑕疵而取得之權利，蓋因其並無拋棄之意思，而是買受人於受領時，並未保留，致使出賣人相信其已履行債務，法律因而就買受人之行為賦予一定之法律效果 [111]。我國民法並無德國舊民法第 464 條之規定，是否能為同一解釋？本文認為，買受人受領出賣人之交付，若發現買賣標的物具有瑕疵，應立即通知出賣人，我國民法第 356 條之規定意旨亦在此。祇是德國舊民法第 464 條之規定，尚及於不動產所有權移轉登記。例如：

---

[109]　德國關於買受人檢查、通知之義務 (Untersuchungs-und Anzeigepflicht)，規定於商法第 377 條第 1 項，請參照 Larenz, aaO, S. 49; 反之，瑞士則規定於債法第 201 條。

[110]　邱聰智，前揭書，第 217 頁；Larenz, aaO, S. 50; Medicus, *Schuldrecht*, S. 23.

[111]　Larenz, aaO, S. 48; Medicus, *Schuldrecht*, S. 23; Ernst (Astrid), aaO, S. 73.

不動產交付時，買受人發現瑕疵，應立即表示保留；不動產交付時，買受人並未發見瑕疵，但在不動產所有權移轉登記前，買受人已發現瑕疵，則買受人應於不動產所有權移轉登記時，表示保留；否則，買受人喪失因物之瑕疵而取得之權利。此之受領，係清償之受領，應包含買受人受領有體物及所有權移轉之意思表示❷。惟我國民法並無相當之規定，故德國舊民法第 464 條似可作為法理適用。

(5)基於誠實信用原則：買賣標的物之瑕疵，可以排除，而且對買受人不會產生不利，則買受人不能解除契約 (BGHZ 90, 198, 204)。在特殊情形，買受人明知買賣標的物具有瑕疵，卻仍繼續使用該買賣標的物，則依誠信原則，買受人不能解除契約 (BGH NJW 1984, 1525)❸。

2.約定免除

民法第 366 條規定:「以特約免除或限制出賣人關於權利或物之瑕疵擔保義務者，如出賣人故意不告知其瑕疵，其特約為無效。」

(1)因民法第 354 條以下之規定，均係任意規定，故得以契約免除或限制出賣人關於物之瑕疵擔保義務。買受人原則上並無請求出賣人修繕之權利❹，但價值昂貴、技術複雜之買賣標的物，例如：汽車、電子產品、甚至傢俱，如果僅因一些很容易排除之瑕疵（但並非第 354 條第 1 項但書所稱之無關重要之瑕疵），而解除契約，顯非妥適，故當事人往往約定買受人

---

❷　鄭玉波認為，我國民法第 356 條所規定之受領，不包含所有權之移轉登記，請參照氏著，前揭書，第 47 頁，故我國民法第 356 條之規定與德國商法第 377 條所規定之 Untersuchungs- und Anzeige-(Rüge-) Pflicht 相當，而與德國舊民法第 464 條之規定不完全相同。德國舊民法第 464 條規定之受領，為債之清償時，債權人之受領 Annahme（我國民法第 309 條），而非專指買受人受領 Abnahme 標的物（我國民法第 367 條）。故在不動產所有權之移轉，買受人受領移轉登記，雖非受領標的物，但亦為此處之受領。

❸　Medicus, *Schuldrecht*, S. 23.

❹　德國新民法第 437 條第 1 款及第 439 條第 1 項規定,買受人得請求出賣人排除瑕疵或另行交付無瑕疵之物。但在 2002 年 1 月 1 日以前，德國舊民法並未賦予買受人此項權利。

有修繕請求權，而出賣人有修繕之義務❶❶❺。修繕請求權，有時候與契約解除權、價金減少請求權同時存在，供買受人擇一行使；但往往是約定買受人應先請求出賣人修繕，並於出賣人不願或不能修繕時，始能解除契約或請求減少價金❶❶❻，我們稱為買受人因物之瑕疵而取得之權利暫時受到限制，即出賣人之瑕疵擔保義務暫時獲得免除。

⑵出賣人有說明之義務 (Aufklärungspflicht)，但卻故意不說明，才符合故意不告知之要件。例如：甲向乙購買中古車，詢問該車已跑了多少公里數，對於甲之詢問，乙應據實回答，但乙並未告知甲該車之原始計里器壞掉，已經換新，故車上現有之計里器所顯示之數據，並非該車全部之公里數，則為故意不告知瑕疵 (OLG Köln NJW-RR 1986, 988)。買受人未詢問時，對於買受人決定是否訂約有明顯重要之事項，依一般交易觀念，買受人得期待取得之資訊，出賣人有說明之義務，例如：甲向乙購買一塊建地，乙明知市政府將規劃該土地為公園用地，屆時該地無法作興建房屋使用。但是乙考慮市政府之規劃尚未定案，並不一定將該地規劃為公園用地，而且甲現在不知此事，若甲知此事情，可能不願購買，或不願以現在之買賣價金購買，所以未將此事情告知甲，則乙為故意不告知瑕疵。

故意不告知瑕疵，以故意為要件，至少要有未必故意始可，如僅因重大過失未告知，尚不構成故意不告知瑕疵。例如：甲向乙購買位於三峽老街之房子，乙並未告知甲該屋係古蹟，因乙認為三峽老街之房子列為古蹟，係眾所皆知之事，應為甲所知悉，故因重大過失未告知，則不構成故意不告知瑕疵。

出賣人事實上並不知情，但因買受人詢問，而隨便說客觀上不正確之訊息，亦構成故意不告知瑕疵。例如：車商因買受人之詢問，隨便說車子僅有些微刮傷，而事實上，車商根本不知車子有何瑕疵 (BGH NJW 1981, 1441)。此外，出賣人為欺騙買受人，故意保證「品質」或「不具瑕疵」，亦與故意不告知瑕疵同❶❶❼。

---

❶❶❺ Medicus, *Schuldrecht*, S. 34.

❶❶❻ Ernst, aaO, S. 71.

㈥須除斥期間尚未經過

1.民法第 365 條規定:「買受人因物有瑕疵,而得解除契約或請求減少價金者,其解除權或請求權,於買受人依第 356 條規定為通知後六個月間不行使或自物之交付時起經過五年而消滅。前項關於六個月期間之規定,於出賣人故意不告知瑕疵者,不適用之。」上開規定之契約解除權與價金減少請求權,其性質究竟屬於請求權,抑或屬於形成權,學說上頗有爭論,試說明如下:

⑴請求權說 ⑱:主張我國民法第 365 條,係繼受自德國舊民法第 477 條,而德國民法上開法條所規定者,為請求權(消滅時效),並非形成權(除斥期間),我國民法自應為同一之解釋。買受人因物有瑕疵,而得解除契約者,其契約解除權稱為 Wandelung,與民法第 254 條以下所定之解除權稱為 Rücktritt 不同,其法律上性質為請求權,而非形成權。買受人因物有瑕疵,而得請求減少價金者,此項權利,法條明定為「請求權」,自非形成權。

⑵形成權說 ⑲:主張在物有瑕疵時,買受人解除契約或請求減少價金之權利,究竟是請求權,抑或是形成權,在德國學說之見解上,亦頗有爭議,有採契約說、回復說及修正後之契約說等不同見解。我國民法第 365 條之規定,其立法意旨在於,儘早確定買受人及出賣人因物之瑕疵而產生之法律關係,故將其定位為形成權,適用除斥期間。否則,若將其定位為請求權,適用短期消滅時效,則因有時效中斷及時效不完成之考慮,無法達成儘早確定法律關係之立法目的,故將難以確實證明物之瑕疵,是否於危險移轉時存在。

⑶本書見解:因物有瑕疵,買受人得解除契約或減少價金者,法律所定買受人得行使權利之期間較短,其目的在於給予買受人壓力,敦促其儘

---

⑪ Ernst (Astrid), aaO, S. 70.

⑱ 梅仲協,《民法要義》,民國 59 年 9 月臺新十版,第 255 頁;薛祀光,《民法債編各論》,第 14 頁。

⑲ 黃茂榮,前揭書,第 426 頁以下及第 462 頁以下;Larenz, aaO, S. 53f.

速解決瑕疵之問題。故此種期間，應為除斥期間 (Präklusivfristen)，而非消滅時效期間 (Verjährungsfristen)[120]。德國民法於 2002 年 1 月 1 日修正，於新民法第 437 條第 2 款、第 440 條及第 441 條已將 Wandelung 改為 Rücktritt，而且去除「請求」之用語，使解除契約及減少價金，均為形成權[121]，故適用除斥期間。因此，我國民法第 365 條第 1 項所規定之買受人得解除契約及請求減少價金，應解為形成權[122]。惟該法條規定「請求」減少價金者，其解除權或「請求權」……，該「請求」及「請求權」之用語宜刪除，以免引起誤會。

2.民法第 365 條所規定之除斥期間，其適用範圍，僅限於法條所規定之「解除契約」及「減少價金」？抑或可以擴張至民法第 360 條所規定之「不履行之損害賠償」及民法第 364 條所規定之「另行交付無瑕疵之物」？史尚寬採前說[123]，黃茂榮採後說[124]。依德國新民法第 438 條第 1 項之規定，另行交付無瑕疵之物及不履行之損害賠償，係請求權，適用消滅時效之規定。從我國民法第 360 條「請求」不履行之損害賠償及第 364 條第 1 項「請求」另行交付無瑕疵之物之規定觀察，亦以請求權說較妥適；故不適用民法第 365 條之除斥期間。

3.於民國 88 年修正時，將民法第 365 條所規定六個月之起算點，從修正前之「物之交付」後起算，修改為自買受人依第 356 條規定為「通知」

---

[120] Koziol/Welser, aaO, S. 74.

[121] Medicus, *Bürgerliches Recht*, S. 199; Olzen/Wank, aaO, S. 85.

[122] 邱聰智，前揭書，第 133 頁；我國最高法院 22 年上字第 716 號(1)判例：「(一)民法所定之消滅時效，僅以請求權為其客體，故就形成權所定之存續期間，並無時效之性質。契約解除權為形成權之一種，民法第 365 條第 1 項所定六個月之解除權存續期間，自屬無時效性質之法定期間。」最高法院 87 年臺簡上字第 10 號判例：「買受人依民法第 359 條規定所得主張之價金減少請求權，一經買受人以意思表示行使，出賣人所得請求之價金，即於應減少之範圍內縮減之……」。

[123] 史尚寬，《債法各論》，第 43 頁。

[124] 黃茂榮，前揭書，第 463 頁。

後起算，雖更具保護買受人權利之意義 ⑫，但是否符合法律給予買受人（債權人）壓力，敦促其儘速行使契約解除權或價金減少請求權之立法目的，則有待商榷。此外，該次修正增列「解除權或請求權自物之交付時起經過五年不行使而消滅。」其增列之理由：「又為使權利狀態早日安定，爰參考瑞士債務法第 219 條第 3 項，增列……」。然而，瑞士債法第 219 條第 3 項係針對建築物之瑕疵而規定，是否適用於一般買賣標的物，並非毫無爭議 ⑫。其次，為使權利狀態「早日安定」，卻將買受人行使解除權或請求權之期間，從原規定於物之交付後六個月間，「延長」為自物之交付時起五年，是否矛盾，不無疑義。買賣標的物，有土地、建築物及一般商品之分，是否一律適用民法第 365 條所規定之六個月或五年？抑或參酌德國新民法第 438 條之規定，分別情形而規定？值得立法者深思 ⑫。

我國民法第 365 條第 2 項規定：「前項關於六個月期間之規定，於出賣人故意不告知瑕疵者，不適用之。」此項規定，係以出賣人故意不告知瑕疵，不值得保護，故買受人之解除權或請求權，不受前項通知後六個月期間之限制，惟自物之交付時起經過五年而未行使，仍為消滅。但學者通說認為，本條項之解釋，應參酌民法總則施行法第 17 條、債編施行法第 4 條之規定，認為形成權之最長存續期間，不得超過十五年 ⑫。

三、物之瑕疵擔保責任之法律效果

滿足上開構成要件，出賣人應負物之瑕疵擔保責任者，買受人得解除其契約，或請求減少其價金（民法第 359 條）；買賣之物缺少出賣人所保證之品質或出賣人故意不告知物之瑕疵者，買受人得不解除契約或請求減少價金，而請求不履行之損害賠償（民法第 360 條）；買賣之物，僅指定種類者，如其物有瑕疵，買受人得不解除契約或請求減少價金，而即時請求另

---

⑫　邱聰智，前揭書，第 133 頁。

⑫　黃立／楊芳賢，前揭書，第 135 頁。

⑫　邱聰智，前揭書，第 135 頁；黃立／楊芳賢，前揭書，第 135 頁。

⑫　鄭玉波，《民法債編各論上冊》，第 54 頁；邱聰智，前揭書，第 134 頁。

行交付無瑕疵之物（民法第 364 條第 1 項）；但法律並未賦與買受人修補請求權 **❷**。因此，買受人依法並無請求出賣人修補之權利，但依私法自治契約自由原則，當事人若約定買受人得請求出賣人修補瑕疵時，買受人有修補請求權。茲分別說明如下：

㈠解除契約

1.解除之理論

解除權之性質，究竟是請求權？ 抑或是形成權？ 這個問題會影響到解除權之行使方法，略述如下：

⑴契約說：買受人因物有瑕疵而欲取回買賣價金時，應分二階段處理，首先，應請求出賣人同意解除買賣契約，即請求出賣人訂立解除契約，將原有之買賣契約解除；然後，因買賣契約已經解除，而請求返還買賣價金。依此說之見解，解除權之性質是請求權。因為這過程非常麻煩（出賣人如果不同意解除買賣契約，則買受人無法解除買賣契約），所以契約說在今日已難覓知音 **❸**。

⑵改良式之契約說：此說係立於契約說之基礎上，從事改良修正；即買受人欲解除買賣契約，仍須與出賣人訂立解除契約 (Wandelungsvertrag)，將原有之買賣契約解除；但買受人請求出賣人訂立解除契約，與買受人請求出賣人返還買賣價金，可以同時起訴請求，為訴之客體合併（請參照我國民事訴訟法第 248 條）；法院判買受人勝訴時，表示出賣人已為同意解除

---

❷ 德國民法於 2002 年 1 月 1 日修正前，亦未賦與買受人修補請求權，但依修正後之新法第 437 條第 1 款、第 439 條第 1 項之規定，買受人得請求出賣人排除瑕疵，換言之，買受人依法有修補請求權。

❸ Olzen/Wank, aaO, S. 83f. 德國學者認為，此處之解除權係請求權，主要是因為德國舊民法第 462 條規定：「……買受人得請求解約或減價。」同法第 465 條規定：「解約或減價，應由買受人請求，出賣人表示同意後為之。」同法第 477 條第 1 項規定：「解約、減價及損害賠償之請求權……。」但 2002 年 1 月 1 日後，此三條或廢除，或修正，已不用「請求權」。

之意思表示，並且出賣人有返還買賣價金之義務。此說認為請求解約及請求返還價金，可以同時合併為之，毋須分二階段進行，故與契約說之主張不同。

⑶回復原狀說：此說認為出賣人給付有瑕疵之物，買受人即得解除買賣契約，並請求出賣人返還買賣價金，毋須請求出賣人同意訂立解除契約，將買賣契約解除。依此說之見解，解除權之性質是形成權。

於 2002 年 1 月 1 日德國民法修正前，德國學者通說採改良式之契約說 [131]，但德國法院實務並未明確表示採那一種見解，而是依實際需要及誠信原則判決 [132]。但自從德國民法修正後，解除權即為形成權 [133]；買受人請求出賣人排除瑕疵或另行交付無瑕疵之物（德國新民法第 437 條第 1 款、第 439 條第 1 項），而無效果時，即得根據同法第 437 條第 2 款、第 323 條之規定解除契約 [134]。在我國，買受人因物之瑕疵而解除買賣契約之權利，通說解釋為形成權 [135]，與德國民法之新規定不謀而合，誠值贊同。

2.解除之要件

民法第 359 條規定：「買賣因物有瑕疵，而出賣人依前五條之規定，應負擔保之責者，買受人得解除其契約，或請求減少其價金。但依情形，解除契約顯失公平者，買受人僅得請求減少價金。」依此規定，析述契約解除之要件如下：

⑴買賣標的物具有瑕疵：買賣標的物於危險移轉時，具有民法第 354 條第 1 項所規定之瑕疵，或不具有同條第 2 項出賣人所保證之品質，買受人得解除買賣契約。買賣標的物雖尚未移轉危險，但瑕疵在客觀上已確定無

---

[131] Larenz, aaO, S. 56.

[132] Ernst (Astrid), aaO, S. 85

[133] Medicus, *Bürgerliches Recht*, S. 199.

[134] Olzen/Wank, aaO, S. 84.

[135] 鄭玉波，《民法債編各論上冊》，第 54 頁；邱聰智，前揭書，第 133 頁；林誠二，前揭書，第 140 頁；22 年上字第 716 號⑴判例：「……契約解除權為形成權之一種……」。

法排除，或出賣人明確表示拒絕擔保者 ⓾，買受人亦得解除買賣契約。至於瑕疵是否於買賣契約成立時存在，則在所不論 ⓲。

⑵買受人並無「不得解除之事由」：買受人不得解除契約之事由，可分法定事由及約定事由二種，分別說明如下：

①法定事由

A.民法第 354 條第 1 項所規定之瑕疵，若減少價值或效用之程度無關重要者，不得視為瑕疵，故亦不得作為解除契約之事由。

B.民法第 355 條規定，買受人於契約成立時，明知或因重大過失而不知買賣標的物具有民法第 354 條第 1 項所稱之瑕疵者。

C.民法第 356 條第 2 項及第 3 項規定，買受人怠於通知出賣人買賣標的物之瑕疵。

D.民法第 359 條但書規定，依情形，解除契約顯失公平者，或買受人已選擇請求減少價金者。

E.民法第 361 條規定，買受人於出賣人所定期限內，不解除契約者。

⓾ 49 年臺上字第 376 號判例：「上訴人出賣與被上訴人之土地，登記之地目既為建築用地，依民法第 354 條第 1 項之規定，自負有擔保其物依第 373 條危險移轉於買受人時，無滅失或減少其價值之瑕疵，或減少通常效用或契約預定效用之瑕疵。茲系爭建地在交付『前』既屬於運河碼頭用地，依照都市計畫不得為任何建築，則不惟其通常效用有所減少，抑且減低經濟上之價值，從而被上訴人以此項瑕疵為原因，對上訴人解除買賣契約而請求返還定金及附加之利息，自為民法第 359 條、第 259 條第 1 款第 2 款之所許。」85 年臺上字第 878 號判決：「買受人在危險移轉『前』如已發覺物有瑕疵，而其瑕疵之除去，於危險移轉時已屬不能，或出賣人確定的拒絕擔保時，買受人非不得主張出賣人應負擔保之責而對之解除契約。」

⓲ 鄭玉波，《民法債編各論上冊》，第 44 頁；29 年上字第 826 號⑵判例：「……㈡民法第 354 條第 1 項規定，物之出賣人對於買受人，應擔保其物依第 373 條之規定危險移轉於買受人時，無滅失或減少其價值之瑕疵，亦無滅失或減少其通常效用或契約預定效用之瑕疵。是依第 373 條之規定，危險移轉於買受人之時，有第 354 條第 1 項所稱之瑕疵者，雖在契約成立時此項瑕疵尚未存在，出賣人對於買受人，亦應負擔保之責。」Koziol/Welser, aaO, S. 61.

F.民法第 364 條規定，買受人請求另行交付無瑕疵之物者。

G.民法第 365 條規定之除斥期間，已經過者。

H.民法第 262 條規定，因可歸責於買受人之事由，致其所受領之買賣標的物有毀損、滅失或其他情形不能返還者。

I.買受人表示解除契約後，並未立即返還買賣標的物於出賣人，而是異乎尋常地繼續使用買賣標的物，這種行為彼此間互相矛盾，基於誠信原則，應使買受人不得解除買賣契約。例如：甲購買一輛中古車，交車時顯示 53,000 公里數，三個月後顯示 57,000 公里數；此時，甲表示解除契約，但甲並未立即返還該車於出賣人，之後又繼續使用十五個月，公里數達 104,000 公里。甲在解約後，異乎尋常地繼續使用該車，應使其不能解約 (OLG Frankfurt NJW-RR 1994, 120)[138]。

②約定事由

當事人以契約約定，免除出賣人關於物之瑕疵擔保義務者，或約定買受人不得解除契約者。

3.解除之範圍

⑴民法第 362 條規定:「因主物有瑕疵而解除契約者,其效力及於從物。從物有瑕疵者,買受人僅得就從物之部分為解除。」因為買電視機,所以才買遙控器,電視機是主物,遙控器是從物。因電視機有瑕疵,而解除契約者,其解除之效力及於遙控器；反之,因遙控器有瑕疵,而解除契約者,其解除之效力不及於電視機。

⑵民法第 363 條規定:「為買賣標的之數物中,一物有瑕疵者,買受人僅得就有瑕疵之物為解除。其以總價金將數物同時賣出者,買受人並得請求減少與瑕疵物相當之價額。前項情形,當事人之任何一方,如因有瑕疵之物,與他物分離而顯受損害者,得解除全部契約。」為買賣標的之數物中,一物有瑕疵者,買受人原則上僅得就有瑕疵之物為解除,但下列情形,當事人之任何一方,得解除全部契約：

---

[138]　Ernst (Astrid), aaO, S. 87.

①甲向乙電腦公司購買一部電腦，買賣契約詳列該電腦之組件，例如主機、螢幕、鍵盤、滑鼠等，而且買賣價金亦係以總價金方式表示，後來發現螢幕及鍵盤有瑕疵，則買受人得解除全部契約。因為依照社會交易觀念，甲購買一部電腦，該電腦雖由多數組件組成，但卻是一個單位物 (eine einheitliche Sache)，而且螢幕及鍵盤之瑕疵，將影響整部電腦設備之功能。是否構成一個單位物，應依社會交易觀念決定 (BGH NJW 1988, 406, 409)。

②依買受人之指示，將一系列零組件，組裝成一部電腦；因各個零組件得分別購買，並且得依自己需求而組裝，以今日科技發展程度而言，依社會交易觀念，組裝電腦並非一個單位物，而是依當事人意思彼此互相隸屬之數物 (mehrere nach dem Parteiwillen zusammengehörende Sachen)❸。因此，假設某一零組件有瑕疵，而將該有瑕疵之零組件與其他無瑕疵之零組件分離，顯然對於買受人不利時，買受人得解除全部契約；假設買受人不主張全部解除，而僅就有瑕疵之零組件解除時，出賣人亦得主張全部解除（民法第363條第2項）。

③甲向乙電腦商購買硬體及軟體，目的係考慮到將來電腦出問題時，祇要找乙電腦商一家維修即可。如果僅解除硬體部分之買賣契約，則買受人祇要找一家電腦商維修之利益，即為喪失，故在此種情況下，硬體與軟體不能分離，必須一起解除 (LG Oldenburg, NJW-RR 1996, 1461; Junker NJW 1988, 947)❹。反之，甲向乙電腦商購買硬體及軟體，理由是一起購買較便宜。現在硬體有瑕疵，軟體無瑕疵，軟體仍可在其他硬體上使用，則買受人僅就硬體部分為解除時，當事人之任何一方並不會因此受到損害；縱使買受人向其他電腦商單獨購買硬體，必須支出較高費用，亦然 (OLG Koblenz, NJW 1994, 1206)。

4.解除之法律效果

因物之瑕疵，而解除買賣契約者，其法律效果如何？我國民法債各買

---

❸　LG Oldenburg, NJW-RR 1996, 1461; Pal, §469 Rn3; 但 OLG München, NJW-RR 1992, 1269 有一點點不同意見，請參照 Ernst (Astrid), aaO, S. 89f.

❹　請參照 Ernst (Astrid), aaO, S. 90.

賣節並無明文規定，故應適用債總之規定。依民法第 259 條之規定，買受人得請求出賣人⑴返還買賣價金及附加自受領時起之利息。⑵買受人就返還之物，已支出必要或有益之費用；出賣人於受返還時，所得之利益。⑶買受人所支出之買賣契約費用、受領標的物之費用、登記之費用、及送交清償地以外處所之費用。出賣人得請求買受人⑴返還買賣標的物。⑵買受人就買賣標的物為使用者，應照使用時之價額，以金錢償還之。⑶買賣標的物生有孳息者，應返還之。⑷買賣標的物有毀損、滅失或其他原因致不能返還者，應返還其價額。

此外，依民法第 261 條及第 264 條之規定，買受人及出賣人之返還義務，係處於同時履行之關係。

㈡減少價金

1.減少價金請求權

減少價金請求權之性質，究為請求權？抑或形成權？學說上頗有爭議，但通說認為減少價金請求權係形成權**⑭**，法院實務亦採形成權說**⑭**。法條用語為「請求減少其價金」，卻解釋為形成權，是否妥適，並非毫無爭議。德國舊民法第 462 條（相當於我國民法第 359 條）規定：「買受人得請求解除契約或減少價金」；德國舊民法第 477 條（相當於我國民法第 365 條）規定：「解除契約、減少價金及損害賠償之請求權……」；但於 2002 年 1 月 1 日修正後，已刪除「請求」之用語，解除契約及減少價金於是變成形成權**⑭**。

---

⑭ 梅仲協，前揭書，第 253 頁；薛祀光，《民法債編各論》，第 14 頁，均採請求權說，反之，鄭玉波、史尚寬、黃茂榮、邱聰智、林誠二、劉春堂等人採形成權說，敬請參照鄭玉波，《民法債編各論上冊》，第 53 頁；史尚寬，前揭書，第 35 頁；黃茂榮，前揭書，第 462 頁；邱聰智，前揭書，第 121 頁；林誠二，前揭書，第 146 頁；劉春堂，前揭書，第 67 頁。

⑭ 87 年臺簡上字第 10 號判例：「買受人依民法第 359 條規定所得主張之價金減少請求權，一經買受人以意思表示行使，出賣人所得請求之價金，即於應減少之範圍內縮減之。換言之，出賣人於其減少之範圍內，即無該價金之請求權存在。」

我國民法第 359 條及第 365 條均規定「請求減少價金」，易生誤會，似有刪除「請求」用語，以杜爭議之必要。

2.減少價金之要件

減少價金之要件，原則上與解除契約之要件相同，但依民法第 359 條但書之規定，解除契約顯失公平者，買受人仍得請求減少價金 ⓐ。

3.減少價金之法律效果

(1)買受人行使減少價金之權利後，僅發生買賣價金減少之法律效果，買賣契約之效力並不受影響。因此，買受人及出賣人均不得根據民法第 259 條主張權利。

買賣價金減少之部分，尚未支付者，即免予支付；已支付者，得請求返還之。問題在於，買受人請求返還已支付之部分買賣價金，其請求權基礎何在？買受人請求返還已支付之部分買賣價金，其請求權基礎，有人認為，係民法第 359 條；有人認為，係買受人請求減少價金之法律效果；有人認為，類推適用有關解除之規定 ⓐ。但各家學說一致認為，請求權基礎，不是不當得利，因為民法第 182 條第 1 項規定，不當得利之受領人，不知無法律上之原因，而其所受之利益已不存在者，免負返還或償還價額之責任。為不使出賣人免負返還或償還價額之責任，買受人請求權之基礎並非不當得利 ⓐ。

(2)減少幅度之計算：減少價金，應減少多少，如何計算？我國民法並未規定，德國舊民法第 472 條第 1 項 ⓐ認為約定價金應依買賣標的物無瑕

ⓐ　Medicus, aaO, S. 199.

ⓐ　德國民法 2002 年 1 月 1 日修正，刪除該國舊民法第 459 條第 1 項第二句之規定（相當於我國民法第 354 條第 1 項但書）。因此，買賣標的物之價值或效用減少之程度無關重要者，買受人亦得請求減少價金（德國民法新規定第 441 條第 1 項第二句），請參照 Olzen/Wank, aaO, S. 84; Schlechtriem, aaO, S. 35.

ⓐ　Ernst, aaO, S. 94.

ⓐ　Ernst, aaO, S. 93.

ⓐ　德國民法修正後，為第 441 條第 3 項。

疵時價值與買賣標的物在有瑕疵狀態下實際價值之比例調降，得出公式如下：

> 假設約定價金為 A，減少後之價金為 B；買賣標的物無瑕疵狀態下之價值
> 為 C，買賣標的物在有瑕疵狀態下之實際價值為 D。
> ①（減少後之價金／約定價金）＝（買賣標的物在有瑕疵狀態下之實際價值
> ／買賣標的物在無瑕疵狀態下之價值）亦即 B／A＝D／C
> ② B＝(A×D)／C＝減少後之價金
> ③ A－B＝A－(A×D)／C＝A×(1－(D／C))＝應減少之金額 **[148]**

例如：電腦一臺，約定價金為 40,000 元，其無瑕疵狀態下應值 50,000 元，今因有瑕疵實值僅有 30,000 元，則應減少之金額為 40,000×(1－(30,000/50,000))=16,000，減少後之價金為 (40,000×30,000)/50,000=24,000。

(3)決定價值之時點：買賣標的物之價值（有瑕疵狀態下之價值及無瑕疵狀態下之價值），會隨著市場行情而波動；因此，決定買賣標的物價值之時點，必須確定；否則，無法為減少價金之計算。我國民法就決定買賣標的物價值之時點，並無明文規定；德國舊民法第 472 條第 1 項、（新）第 441 條第 3 項均以訂約時為準；聯合國國際商品買賣公約 (CISG) 第 50 條則以交付時為準。德國民法之規定，使買賣標的物「有瑕疵狀態下之價值」與「無瑕疵狀態下之價值」之比例，於訂約時即告確定，嗣後之市場行情變化，不影響既定之比例。反之，聯合國國際商品買賣公約之規定，使買賣標的物「有瑕疵狀態下之價值」與「無瑕疵狀態下之價值」之比例，依交付時決定；換言之，訂約後，交付前，市場行情之變化，會影響該比例 **[149]**。我國學者黃茂榮教授，主張應分期貨買賣及非期貨買賣而定，期貨買賣以清償期為準，非期貨買賣以締約時為準 **[150]**。本書認為，決定買賣標的物價

---

[148]　黃茂榮，前揭書，第 446 頁；邱聰智，前揭書，第 121 頁。

[149]　Schlechtriem, aaO, S. 35f.; 黃立／楊芳賢，前揭書，第 123 頁，認為應以締約時為準，採德國民法之規定。

[150]　黃茂榮，前揭書，第 447 頁。

值之時點，應以交付時為準。蓋出賣人負物之瑕疵責任，係以危險移轉時（通常為交付時），買賣標的物具有物之瑕疵為要件。買賣標的物於訂約時若無瑕疵，而於交付時始具有瑕疵者，買賣標的物有瑕疵狀態下之價值，僅能以交付時決定，難以訂約時決定，因訂約時買賣標的物尚無瑕疵，故無法以訂約時決定有瑕疵狀態下之價值。

(三)損害賠償

1.損害賠償之構成要件

民法第 360 條規定：「買賣之物，缺少出賣人所保證之品質者，買受人得不解除契約或請求減少價金，而請求不履行之損害賠償。出賣人故意不告知物之瑕疵者，亦同。」因此，買賣之物，不論是缺少出賣人所保證之品質，抑或是出賣人故意不告知物之瑕疵，買受人均得行使解除契約、請求減少價金、請求不履行之損害賠償之權利，茲分述如下：

(1)買賣之物缺少出賣人所保證之品質者：買賣之物缺少出賣人所保證之品質者，其前提要件係：

①出賣人就買賣之物保證品質，而該保證品質之意思表示，構成契約內容之一部分，對出賣人有拘束力[151]。

②符合物之瑕疵之要件，特別是，於危險移轉時，缺少出賣人所保證之品質（民法第 354 條第 2 項）。

買賣之物缺少出賣人所保證之品質者，出賣人應負「不履行之損害賠償」責任，其理由在於，出賣人既為品質之保證，即負給付符合保證品質買賣標的物之義務。買賣標的物若缺少保證之品質，即為債務不履行[152]，

---

[151] Larenz, aaO, S. 58; 德國聯邦最高法院則認為，出賣人應擔保其所保證之品質存在，並且明白表示若缺少其所保證之品質，願為所有結果負責任 (BGHZ 59, 158, 160)，請參照 Medicus, *Schuldrecht*, S. 30.

[152] 鄭玉波，《民法債編各論上冊》，第 55 頁；Larenz 認為買賣標的物不符合出賣人之擔保承諾 (Garantieversprechen)，為出賣人負賠償履行利益 (Erfüllungsinteresse) 責任之理由，Larenz, aaO, S. 58f.

解釋上應適用不完全給付之規定 ❶。

　　問題在於，買賣之物於買賣契約訂立時，是否應具有保證之品質？德國民法修正前，分特定物買賣及種類物買賣而為不同規定。就特定物買賣而言，德國舊民法第 463 條規定，買賣標的物，於買賣之時缺少保證品質者……，故德國通說認為，買受人請求不履行之損害賠償，以買賣標的物於「買賣契約訂立時」及「危險移轉時」，均缺少保證品質為要件。假設買賣契約訂立時，買賣標的物具有出賣人所保證之品質，但買賣契約訂立後，危險移轉前，買賣標的物喪失出賣人所保證之品質者，買受人僅能請求解除契約或減少價金，而不能主張不履行之損害賠償 ❷。反之，就種類物買賣，依同法第 480 條第 2 項規定，買賣標的物於危險移轉於買受人時不具保證品質者……，故買受人請求不履行之損害賠償，不以買賣標的物於買賣契約訂立時缺少保證品質為要件。德國民法於 2002 年 1 月 1 日修正後，於新法第 437 條至第 441 條規定買受人請求損害賠償，應符合一般債務不履行規定（§§440, 280, 281, 283, 311a）之構成要件，換言之，不論特定物買賣，抑或種類物買賣，均不以買賣契約訂立時，買賣標的物缺少保證品質為要件。

　　此外，買受人請求出賣人不履行之損害賠償，是否以出賣人具有故意過失為要件？主張擔保說者，認為祗要買賣標的物缺少出賣人所保證之品質，買受人即得請求出賣人不履行之損害賠償，不以出賣人具有故意過失為要件 ❸。反之，主張清償說者，認為因可歸責於出賣人之事由，致買賣標的物不具出賣人所保證之品質時，買受人始得請求出賣人不履行之損害賠償。德國民法於 2002 年修正後，依新法第 437 條第 3 款之規定，必須符

---

❶　王澤鑑，〈物之瑕疵擔保責任、不完全給付與同時履行抗辯〉，收錄於氏著，《民法學說與判例研究第六冊》，第 135 頁。

❷　詹森林，〈物之瑕疵擔保、不完全給付與買賣價金之同時履行抗辯〉，載：《民事法理與判例研究第二冊》，第 114 頁。

　　Larenz, aaO, S. 59; Ernst (Astrid), aaO, S. 100; Medicus, *Schuldrecht*, S. 31.

❸　Larenz, aaO, S. 58.

合同法第 280 條之規定，始得請求損害賠償。然而，德國新民法第 280 條第 1 項規定：「債務人違反基於債之關係產生之義務者，債權人得請求賠償因此產生之損害，但因不可歸責於債務人之事由，致違反義務者，不在此限。」換言之，依德國新民法之規定，必須因可歸責於出賣人之事由，致買賣標的物缺少出賣人所保證之品質者，買受人始得請求出賣人負損害賠償責任。

(2)出賣人故意不告知物之瑕疵者：此處所謂物之瑕疵，係指民法第 354 條第 1 項所稱之滅失或減少價值、通常效用或契約預定效用之瑕疵。所謂故意不告知，係指出賣人明知買賣標的物具有瑕疵，而該瑕疵為買受人所不知，假設買受人知悉該瑕疵，則買受人將不願訂立買賣契約（或不願以此種買賣價金訂立買賣契約），卻竟利用買受人之不知，而與買受人訂立買賣契約。因為出賣人之行為出於故意（德文用語是惡意 arglistig，與一般故意 Vorsatz 不同），所以出賣人應負履行利益 (Erfüllungsinteresse) 之損害賠償責任，與一般訂約時具有故意過失，出賣人僅賠償買受人信賴利益之損害 (Vertrauensschaden) 不同❺❻。

買賣標的物不具有一定之品質，而出賣人卻惡意地欺騙買受人，使買受人陷於錯誤，進而訂立買賣契約，此種情形，法律並無明文規定，故為法律之漏洞 (eine Lücke des Gesetzes)。德國聯邦最高法院，以類推適用該國民法第 463 條第二句（即我國民法第 360 條第二句）出賣人故意不告知瑕疵之規定處理，德國通說贊成實務見解❺❼。

2.損害賠償之法律效果

(1)買賣之物缺少出賣人所保證之品質，或出賣人故意不告知物之瑕疵者，買受人得不解除契約或請求減少價金，而請求不履行之損害賠償。買受人請求不履行之損害賠償時，得否同時解除契約？德國聯邦最高法院 (BGHZ 29, 148; 96, 283, 287; 108, 156, 159f.) 及德國學者通說認為，損害賠

---

❺❻ Larenz, aaO, S. 59; Medicus, *Schuldrecht*, S. 31; 請參閱我國民法第 245 條之 1、第 247 條。

❺❼ Larenz, aaO, S. 59.

償之計算，應分二種方式❶❺❽，茲分述如下：

①小損害賠償 (kleiner Schadensersatz)

買賣之物，雖有瑕疵，但買受人仍想擁有該物，僅請求出賣人賠償買賣標的物在「無瑕疵狀態下應有之價值」與「有瑕疵狀態下之實際價值」之差額，稱之為小損害賠償。

②大損害賠償 (großer Schadensersatz)

買賣之物，具有瑕疵，因此買受人得拒絕受領，或返還該物於出賣人，並請求出賣人以金錢賠償契約不履行之損害（即假設出賣人依債之本旨履行契約，買受人可以獲得之全部利益，即全部之履行利益）。買受人可以請求出賣人返還已支付之買賣價金及損害賠償；假設買受人尚未支付買賣價金，則買受人得拒付買賣價金，並請求出賣人賠償因契約不履行致買受人失去之利益 (entgangener Gewinn) 及其他損害。

大損害賠償，其結果相當於解除契約「及」債務不履行之損害賠償。但民法第 360 條卻規定，買受人僅能擇一行使 (nur alternativ) 解除契約或請求不履行之損害賠償。因此，買受人得否依民法第 360 條之規定，請求大損害賠償，並非毫無爭議❶❺❾。有些學者主張，買受人依民法第 360 條之規定，原則上僅能請求小損害賠償；但於買受人證明，買賣標的物因物之瑕疵致買受人無法使用，受領有瑕疵之物於買受人無利益時，買受人得請求大損害賠償❶❻⓿。反之，德國帝國法院 (RG) 及德國聯邦最高法院 (BGH) 則認為，買受人得自由選擇小損害賠償或大損害賠償，毋須證明受領有瑕疵之物於買受人無利益❶❻❶。Larenz 教授原採前說，後改採後說，理由是買賣標的物不符合契約之本旨，無法期待買受人受領；亦無法要求買受人證明，該有瑕疵之物於買受人無益❶❻❷。德國民法於 2002 年修正後，於第 437 條第

❶❺❽　Medicus, *Schuldrecht*, S. 32; Larenz, aaO, S. 60.

❶❺❾　Medicus, *Schuldrecht*, S. 32.

❶❻⓿　Larenz, aaO, S. 60, 註 79 所引主張此說之學者，如 Oertmann, Kress, Fikentscher.

❶❻❶　Larenz, aaO, S. 60.

❶❻❷　Larenz, aaO, S. 61.

2 款（解約或減價）及第 3 款（損害賠償或無益支出之賠償）之間，使用「及」(und) 字，表示買受人得同時行使這二種權利❶；換言之，解除契約及損害賠償，不再是擇一行使，而是得合併行使 (nicht alternativ, sondern kumulativ)。此外，因大損害賠償兼有解除契約之意思，故應類推適用解除契約之規定，即因可歸責於買受人之事由，致所受領之買賣標的物毀損、滅失或其他情形不能返還者，買受人不得請求大損害賠償（類推適用我國民法第 262 條）。

　　⑵損害有二種，即瑕疵損害 (Mangelschaden) 及瑕疵結果損害 (Mangelfolgeschaden)。

　　所謂瑕疵損害，係指因買賣標的物本身具有瑕疵，而直接對買受人產生之損害。所謂瑕疵結果損害，係指買受人相信買賣標的物無瑕疵，但買賣標的物實際上卻具有瑕疵，使買受人之身體、健康或其他法益受有損害，而瑕疵與損害之間具有相當因果關係。例一：甲酒商向乙工廠購買一萬個軟木塞，因軟木塞具有瑕疵，致使一萬瓶紅酒壞掉。一萬個軟木塞具有瑕疵，直接造成甲之損害，為瑕疵損害。因軟木塞具有瑕疵，致使一萬瓶紅酒壞掉，為瑕疵結果損害❶。例二：甲向乙買一頭牛，因該牛為病牛，致使甲原有之牛群亦受傳染而生病。買賣標的物之牛為病牛，係物之瑕疵，其實際價值低於契約預定健康牛之應有價值，造成甲之損害為瑕疵損害。因病牛之傳染，導致甲原有之牛群亦生病，為瑕疵結果損害❶。

　　買受人依民法第 360 條之規定，請求出賣人賠償瑕疵損害固無問題，但買受人得否依同條規定，請求出賣人賠償瑕疵結果損害，則有爭議。茲分述如下：

　　①肯定說

　　德國早期學說主張瑕疵結果損害，亦為德國舊民法第 463 條（相當於

---

❶　Wörlen, aaO, S. 23; 邱聰智，前揭書，第 125 頁；黃立／楊芳賢，前揭書，第 132 頁。

❶　Ernst (Astrid), aaO, S. 100.

❶　Medicus, *Schuldrecht*, S. 30, 32; 此為羅馬人解釋瑕疵結果損害之典型範例。

我國民法第 360 條）所規定之損害，故出賣人依該條規定對瑕疵結果損害負賠償義務 ⑯。

　②否定說

　　德國法院及通說認為，瑕疵結果損害僅能依締約過失或積極侵害債權請求賠償 ⑰。因締約過失及積極侵害債權，係以出賣人具有過失為要件；倘若出賣人為不實之保證，但卻無過失時，買受人即無法請求出賣人賠償瑕疵結果損害。

　③折衷說

　　就出賣人保證品質而言，應依解釋探求出賣人保證之客觀意義，並就具體個案確定保證之效力範圍，使出賣人僅在該範圍內，依民法第 360 條之規定就瑕疵結果損害負無過失責任；否則出賣人僅於有過失時，才依積極侵害債權或侵權行為負損害賠償責任。就出賣人故意不告知物之瑕疵而言，出賣人就瑕疵結果損害應依民法第 360 條之規定負損害賠償責任 ⑱。蓋出賣人既屬故意，當然成立過失，而且故意不受保護。

　⑶出賣人於訂約時，對買受人有說明之義務 (Aufklärungspflicht)，例如：說明買賣標的物具有某種危險性質，卻因「過失」而未告知，導致買受人於正常使用買賣標的物時發生損害（使買受人之身體、健康或其他法益受損），即瑕疵結果損害。此時，出賣人對買受人之損害，是否應負賠償責任？因民法第 360 條規定，出賣人「故意」不告知物之瑕疵者，才負損害賠償責任；因此，出賣人因「過失」而未告知，是否應負賠償責任，即引起爭議。茲分述如下 ⑲：

　①肯定說

---

⑯　Larenz, aaO, S. 61.; 王澤鑑，〈物之瑕疵擔保責任、不完全給付與同時履行抗辯〉，載：《民法學說與判例研究第六冊》，第 134 頁；姚志明，《債務不履行──不完全給付之研究》，民國 89 年 12 月，第 166 頁。

⑰　Medicus, Schuldrecht, S. 32f.

⑱　Larenz, aaO, S. 62; Ernst (Astrid), aaO, S. 101f.

⑲　Larenz, aaO, S. 75f.

出賣人就瑕疵結果損害，應負締約過失責任 (Haftung aus culpa in contrahendo)，不因民法第 360 條及其他物之瑕疵規定而受影響。於出賣人因過失告知不實之資訊，例如，出賣人告知買受人買賣標的物耐高溫，結果引起火災，導致買受人其他物品受損，亦同。

②否定說

民法第 360 條第二句，出賣人故意不告知物之瑕疵，係所有不告知瑕疵事件之特別規定。因此，就不告知瑕疵之事件，出賣人僅就故意行為 (nur bei arglistigem Verhalten) 負責，對過失行為 (nicht bei bloßer Fahrlässigkeit) 不必負責。

⑷德國民法於 2002 年修正後，買受人就瑕疵損害及瑕疵結果損害，均一律依第 437 條第 3 款前段及第 280 條第 1 項之規定（即一般債務不履行損害賠償之規定），請求出賣人損害賠償❿，換言之，以可歸責於出賣人之事由，致給付有瑕疵之買賣標的物，為買受人請求損害賠償之要件。

㈣請求另行交付無瑕疵之物

1. 理論基礎

民法第 364 條規定：「買賣之物，僅指定種類者，如其物有瑕疵，買受人得不解除契約或請求減少價金，而即時請求另行交付無瑕疵之物。出賣人就前項另行交付之物，仍負擔保責任。」因此，買受人之另行交付請求權，僅限於種類物買賣始有適用❿。為何於特定物買賣，買受人不得請求另行

---

❿　Wörlen, aaO, S. 28; 林誠二引用德國新民法第 440 條，作為買受人請求損害賠償之依據，請參照氏著，前揭書，第 151 頁。

❿　我國民法第 364 條相當於德國舊民法第 480 條第 1 項第一句，但德國民法於 2002 年修正後，於新法第 437 條第 1 款及第 439 條第 1 項規定，買受人得請求另行給付 (Nacherfüllung)，包含排除瑕疵 (Nachbesserung) 及另行交付無瑕疵之物 (Nachlieferung)，而且不分特定物買賣及種類物買賣。換言之，依德國民法之新規定，縱使是特定物買賣，買受人仍得請求出賣人另行交付無瑕疵之物，但出賣人在某些條件下得行使拒絕權，請參照德國民法第 439 條第 3 項之規定。

交付無瑕疵之物？因為出賣人於特定物買賣，僅能以特定之買賣標的物履行債務，縱使該買賣標的物具有瑕疵，出賣人亦僅能交付該具有瑕疵之買賣標的物，而不負修補之義務 ❷，及不負另行交付無瑕疵物之義務。反之，於種類物買賣，出賣人之給付係依種類而定，適合於出賣人履行債務之標的物為多數，如出賣人給付之物具有瑕疵，出賣人尚可另行交付無瑕疵之物。因此，民法第 364 條規定，買受人得不解除契約或請求減少價金，而即時請求另行交付無瑕疵之物 ❸。試就種類物買賣，買受人得請求另行交付無瑕疵之物，說明其理論如下：

　　種類物買賣，其給付物係僅以種類指示。然而，何謂種類？如何決定種類？所謂種類，係依物之屬性而分類，凡具有共同屬性之物，即為同種類之物。共同屬性少，則其種類之範圍大；共同屬性多，則其種類範圍小；例如：米、蓬萊米、臺灣蓬萊米、臺灣池上蓬萊米，其中「米」之共同屬性較少，所以米之種類範圍較大，買賣標的物如僅約定為米，則出賣人給付在來米，亦符合債之本旨；反之，買賣標的物約定為臺灣池上蓬萊米，則出賣人給付在來米，即不符合債之本旨。動物、植物、礦物，雖各具有共同屬性，得為自然科學之種類，但當事人若約定動物若干、植物若干或礦物若干，實渺茫不可捉摸，出賣人無從給付。故法律上所謂之種類，應以當事人之約定及一般交易觀念為基礎，一般交易觀念不承認之種類，當事人不能約定用以指示給付物，即不得作為買賣標的物 ❹，而與自然科學之種類不同。買賣標的物之種類決定後，尚有品質之問題。依民法第 200 條第 1 項之規定，種類物買賣，其標的物之品質，首先應依法律行為之性質

---

❷　德國舊民法認為出賣人並無修補之義務，請參照 Medicus, *Schuldrecht*, S. 36, 但當事人有約定者，不在此限。德國新民法第 437 條第 1 款及第 439 條第 1 項規定，買受人得請求出賣人排除瑕疵，換言之，出賣人有修補之義務。

❸　Medicus, *Schuldrecht*, S. 37.

❹　鄭玉波／陳榮隆，《民法債編總論》，91 年 6 月修訂二版一刷，第 259 頁，德國漢堡高等法院 (OLG Hamburg, NJW-RR 1994, 1397) 亦持相同見解，請參照 Ernst (Astrid), aaO, S. 110.

或當事人之意思決定；如依法律行為之性質或當事人之意思不能定其品質時，債務人應給以中等品質之物。

當事人約定買賣標的物應具有一定之品質，或適合特定之目的者（例如，為前往聖母峰，而購買衣物，則禦寒功能應特別加強），則當事人不但詳細約定種類，而且亦詳細約定品質。換言之，詳細約定出賣人之給付義務。假設出賣人提出之給付物，不符合約定之種類、不符合約定之品質、不適合特定之目的、或不具中等品質（依法律行為之性質或當事人之意思不能定其品質時），則該物不但具有瑕疵，而且不適合履行債務；此時，出賣人並未履行債務，或並未依債之本旨履行債務，債之關係並未消滅。出賣人給付之物具有瑕疵時，並未完成交付其物之必要行為，因此其債務並未依民法第 200 條第 2 項之規定變成特定物之債，換言之，仍繼續為種類之債。此時，買受人得拒絕其瑕疵給付，而請求無瑕疵之物。買受人不知物之瑕疵而受領時，得將該有瑕疵之物返還於出賣人，並請求出賣人另行交付無瑕疵之物❶。

2.消滅時效

買受人請求出賣人另行交付無瑕疵之物，此項權利之性質，為請求權，關於其存續期間，民法並未設特別規定，究竟應適用民法第 125 條？抑或第 365 條？我國學者間意見紛歧，略述如後：

⑴詹森林：氏認為此項權利，性質上既為一種請求權，自不適用民法第 365 條所規定之六個月或五年之期間，而應適用民法第 125 條規定之十五年消滅時效期間❶。

⑵黃茂榮：氏認為民法第 364 條係民法第 359 條之延伸規定，在補充契約解除權或價金減少請求權之不足，故應適用民法第 365 條所規定之六個月或五年之期間；且因另行交付請求權，性質上為形成權，故此項期間為除斥期間，而非時效期間❶。

---

❶　Larenz, aaO, S. 77.

❶　詹森林，〈不完全給付〉，《民事法理與判決研究㈡》，民國 92 年 4 月初版，第 164 頁。

⑶邱聰智：氏認為買受人之另行交付請求權，雖其法律性質上為請求權，但意旨上係在補充減價請求權及解約權之不足，故論其存續期間，宜與後二者為同一解釋，即仍有六個月或五年期間之適用❿。

⑷劉春堂：氏認為另行交付請求權，性質為一種請求權，蓋因當事人間之權利義務關係，並不因買受人行使此項權利而直接發生變動也。但由於另行交付請求權，具有相當程度之形成作用，且應「即時」行使之……，故買受人之另行交付請求權，其消滅時效宜類推適用民法第 365 條第 1 項之規定❿。

本書認為買受人之另行交付請求權，性質上既為請求權，於法律無特別規定時，當然適用民法第 125 條關於消滅時效之一般規定，而不適用民法第 365 條關於除斥期間之規定⓫。買受人之另行交付請求權，並非在補充契約解除權或價金減少請求權之不足；此從德國新民法第 437 條之規定，可知另行交付請求權，相對於契約解除權及價金減少請求權，具有優先性 (Die Priorität dieses Nacherfüllungsanspruchs vor Rücktritt und Minderung)⓫，而不是具有補充性。縱使在德國舊民法時代，買受人之另行交付請求權，亦係種類物買賣之制度，並未見於特定物買賣，其理由如前「理論基礎」所述。假設買受人之另行交付請求權，係解約及減價之補充規定，為何於特定物買賣制度，並無類似規定？此外，德國舊民法第 480 條第 1 項第二

⓱　黃茂榮，前揭書，第 462 頁以下。

❿　邱聰智，前揭書，第 136 頁以下。

❿　劉春堂，前揭書，第 74 頁以下。

⓫　德國新民法第 438 條第 1 項，就另行給付請求權及損害賠償請求權，為消滅時效之規定；反之，同條第 4 項（就解除契約權）、同條第 5 項（就價金減少權）規定適用或準用同法第 218 條之規定。換言之，出賣人之給付有瑕疵，買受人得請求另行給付，但該請求權三十年間（尚有五年、二年二種）不行使而罹於時效，買受人若再行使解除權時，出賣人得為時效抗辯，當出賣人主張買受人另行交付請求權罹於時效時，買受人之解除不生效力，請參照 Medicus, *Bürgerliches Recht*, aaO, S. 207.

⓫　Wörlen, aaO, S. 10.

句雖規定，買受人之另行交付請求權，準用解除契約之規定（限於§§464–466，467 第一句，§§469, 470, 474–479），而得準用同法第 477 條第 1 項之規定（相當於我國民法第 365 條），但德國舊民法第 465 條規定，解除契約或減少價金，應經買受人請求，出賣人同意後為之。依德國學者通說之見解，買受人請求解除契約，係為請求權，與我國民法第 365 條規定之解除契約係形成權者不同。故德國舊民法第 480 條第 1 項第二句之規定，不適合作為類推適用之根據。

3.另行交付請求權與解除契約權、價金減少請求權、損害賠償請求權之關係

另行交付請求權，與解除契約權、價金減少請求權、損害賠償請求權，係處於選擇關係，而非併存關係。

☞── 解 析

一、出賣人甲就物之瑕疵負責任，其構成要件如下：

㈠甲、乙間之買賣契約有效成立。

㈡買賣標的物轎車，其煞車系統故障，具有滅失或減少其價值、通常效用或契約預定效用之瑕疵 (§354 I)。而且，甲係中古車商，在轎車上貼「經檢查測試合格」之文書，竟未發現煞車系統故障，顯係具有過失。

㈢該轎車於危險移轉時具有瑕疵 (§§354 I, 373)。

㈣並無免除出賣人物之瑕疵責任之事由存在。

㈤除斥期間尚未經過。

綜上所述，煞車系統故障，應為嚴重之瑕疵，而甲中古車商既在車上貼「經檢查測試合格」之文書，竟未發現煞車系統故障，顯有過失。因此，甲應負物之瑕疵責任。

二、物之瑕疵責任之法律效果

㈠乙解除契約，請求甲返還買賣價金，有理由 (§§359，259)。

㈡乙於解除契約後，是否得請求甲賠償鑑定費用、醫療費用及收入減少之損害，則有爭議，試說明如下：

1.根據民法第 360 條之規定，買受人請求出賣人不履行之損害賠償，以買賣之物缺少出賣人所保證之品質或出賣人故意不告知物之瑕疵者為限。反面解釋，若不符合這兩種情形，買受人似無請求出賣人損害賠償之權利。轎車上貼「經檢查測試合格」之文書，並不表示出賣人保證品質或故意不告知瑕疵，故買受人似無法依民法第 360 條之規定，請求出賣人負損害賠償責任。

2.最高法院 77 年度第七次民事庭會議決議，認為物之瑕疵於契約成立「後」始發生，且可歸責於出賣人之事由所致者，則出賣人除負物之瑕疵擔保責任外，同時構成不完全給付之債務不履行責任。孫森焱於《民法債編總論》第 387 頁，認為買賣標的物係特定物，則瑕疵雖於「契約成立時」既已存在，出賣人交付該特定之標的物，即屬依債務本旨而為給付。換言之，不構成不完全給付。

3.王澤鑑於〈物之瑕疵擔保責任、不完全給付與同時履行抗辯〉一文中，認為出賣人於訂立契約時，因過失未發現物之瑕疵，或因過失告知事實上不存在之品質時，應負不完全給付之債務不履行責任，用以補充民法第 360 條規定之不足。

4.德國學者 Larenz 認為出賣人於訂約時，因「過失」未告知瑕疵，或因「過失」告知不實之資訊，出賣人就其瑕疵結果損害，應負締約過失責任。

5.德國民法於 2002 年修正，廢除舊法第 463 條（相當於我國民法第 360 條）及第 462 條（相當於我國民法第 359 條），而重新制定第 437 條取代之，依新規定，買受人就瑕疵損害及瑕疵結果損害，均一律依第 437 條第 3 款及第 280 條第 1 款之規定，請求出賣人損害賠償；換言之，以可歸責於出賣人之事由，致給付有瑕疵之買賣標的物，為買受人請求損害賠償之要件。

6.綜上所述，出賣人於訂約時，因「過失」未告知瑕疵，或因「過失」告知不實之資訊，買受人是否得請求出賣人賠償鑑定費用，**醫療費用**及收入減少等瑕疵結果之損害？依我國現行民法之規定，似採否定見解；但學者王澤鑑似認為應依不完全給付之規定，採肯定見解。德國民法修正後，不但簡化物之瑕疵與債務不履行間之問題，而且解決因「過失」未告知瑕疵，或因「過失」告知不實資訊之難題，值得注意。

參、結　論

㈠出賣人給付之買賣標的物具有物之瑕疵，是出賣人未依債務本旨履行債務？抑或是出賣人破壞買賣標的物及買賣價金之等價均衡關係？主張前者之見解者，稱為清償說或給付義務說，認為出賣人具有可歸責事由時，始須負責；主張後者之見解者，稱為擔保說或等價說，認為出賣人縱使沒有過失，亦須負責。我國民法學者通說採擔保說或等價說，反之，最高法院則採清償說或給付義務說。德國民法學者，就此問題，曾有不同見解，但自 2002 年民法修正後，德國民法採清償說或給付義務說。

㈡本書認為清償說較為可採，而且符合歐洲民法之發展趨勢。因此，物之瑕疵，其構成要件，應包括「因可歸責於出賣人之事由，致給付物具有物之瑕疵。」此點與坊間教科書之見解不同，宜注意。

㈢物之瑕疵概念，有三種見解，即客觀之瑕疵概念，主觀之瑕疵概念及主觀、客觀之瑕疵概念。德國學者通說、法院見解及 2002 年德國新民法採主觀之瑕疵概念，誠值注意。

㈣民法第 354 條第 1 項所規定之「契約預定效用」與同條第 2 項所規定之「出賣人所保證之品質」不同。

㈤民法第 360 條所規定之「故意」不告知瑕疵，係指「惡意」之意思，與一般所謂之故意不同。此外，「過失」不告知瑕疵，或因「過失」告知不實之資訊，買受人得請求出賣人損害賠償，其請求權基礎，不是民法第 360 條，而是不完全給付或締約過失。

第二節　對於買受人之效力

▶▶ 第一項　構成要件 ◀◀

買賣契約有效成立後，買受人所負之義務，有三種，即主要給付義務 (Hauptleistungspflicht)、從屬給付義務 (Nebenleistungspflicht) 及保護義務 (Schutzpflicht)。這種義務之分類，主要係著眼於買受人違反義務時，所發生之法律效果不同，茲分述如下：

壹、主要給付義務

民法第 367 條規定：「買受人對於出賣人，有交付約定價金及受領標的物之義務。」因此，買賣契約有效成立後，買受人之主要給付義務，有交付約定價金及受領標的物[182]二種。

一、交付約定價金之義務

㈠不論是物之買賣，抑或是權利之買賣，買受人對於出賣人均有交付約定價金之義務。這種義務，是金錢債務，故應適用民法第 201 條以下之規定，尤其是買受人交付約定價金遲延者，應依民法第 233 條及第 203 條之規定支付遲延利息[183]。但買受人支付買賣價金，與出賣人交付買賣標的，

---

[182] 受領標的物之義務，德國學者通說認為原則上係從屬義務，例外為主要義務，請參照 Larenz, aaO, S. 94; 但德國民法修正後，德國學者引用該國新民法第 433 條第 2 項及聯合國國際商品買賣公約第 53 條 (Art. 53 CISG) 之規定，認為買受人受領標的物之義務，應係買受人之主要給付義務，而不再是從屬義務，敬請參照 Schlechtriem, *Das Recht der Schuldverhältnisse*, Tübingen, 2003, S. 55.

[183] 鄭玉波，《民法債編各論上冊》，第 66 頁；Koziol/Welser, aaO, S. 176; Medicus,

係處於對價之關係。因此，買受人原則上得依民法第 264 條第 1 項之規定主張同時履行抗辯權。

買受人支付買賣價金之義務，係構成買賣契約之要素；若約定買受人不支付買賣價金，而為金錢以外財產權之給付，則為互易；若為勞務之提出，則可能為僱傭或承攬。價金之支付，原則上應以現金為之，但當事人約定，得不以現金支付者，不在此限。例如：出賣人往往告知買受人其銀行帳號，表示買受人以匯款 (Überweisung) 方式將金錢匯入出賣人帳戶，亦得清償債務。以匯票 (Wechsel) 及支票 (Scheck) 作為支付工具，亦事所常見，此種情形，除當事人另有約定外，應適用間接給付之規定，即因清償債務而對於債權人負擔新債務者，若新債務不履行時，其舊債務仍不消滅（民法第 320 條）。買受人原則上應支付買賣價金之全部（民法第 318 條第 1 項），但約定買受人分期付款者，亦為法所容許。

㈡依私法自治契約自由原則，買賣價金之高低，原則上由當事人自由決定（內容決定之自由），但不得違反強行法規及公序良俗，尤其是不得違反民法第 74 條暴利行為之規定。就買賣價金之決定，我國民法賦與買賣契約當事人相當大之彈性空間，而未採用「禁止損失過半原則」 **[184]**。

買賣價金之高低，理論上係由買賣契約當事人自由決定；但事實上，往往不是買受人與出賣人經由談判協商而共同決定，毋寧是出賣人決定買賣價金，買受人就出賣人要求之價金，祇有表示同意或不同意之自由。例如：甲去超級市場買菜，用塑膠袋包裝好的菜，上面標示有買賣價金，甲祇能決定「買」或「不買」，鮮有討價還價之餘地。家中之用電、水、瓦斯，

Schuldrecht, S. 12; Larenz, aaO, S. 92.

[184] 禁止損失過半原則 (laesio enormis)，源自羅馬法，認為任何事物均有特定之公正價格 (iustum pretium)，買受人與出賣人約定買賣價金，如果低於公正價格的一半時，出賣人得歸還買賣價金，請求買受人返還買賣標的物。此種規定，使買賣標的物之價值僵化，但有穩定物價波動之意思，法國民法第 1674 條，奧地利民法第 934 條及第 935 條均規定禁止損失過半原則。我國民法與德國民法均不採用禁止損失過半原則，請參照 Larenz, aaO, S. 91.

買受人更是沒有表示不同意之自由，遑論討價還價之空間。

　　買賣價金，有時候並非由出賣人決定，而是由商品製造人決定。商品製造人決定售價，並要求商店出售商品時，應遵守商品製造人決定之價格；有時候，商品製造人直接在商品上或廣告上標示價格，例如汽車、機車之製造人，為統一售價，直接在廣告上標示售價，汽（機）車零售商並無決定買賣價金之自由，我們稱之為「第二手價格拘束」(die Preisbindung der zweiten Hand)。這種作法，限制市場競爭，有抬高買賣價金之嫌，違反公平交易法第 18 條：「事業對於其交易相對人，就供給之商品轉售與第三人或第三人再轉售時，應容許其自由決定價格，有相反之約定者，其約定無效❿。」因此，商品製造人對於零售商，僅能為「無拘束力之價格建議」(unverbindliche Preisempfehlungen)，零售商作為出賣人，具有決定買賣價金之自由。

　　㈢買賣價金之數額，原則上應由買賣契約當事人具體約定，買賣契約始行成立。但價金雖未具體約定而依情形可得而定者，視為定有價金（民法第 346 條第 1 項）。例如：約定由買賣契約當事人之一方或第三人決定買賣價金❿。此外，買賣契約當事人，已訂立買賣契約，但就買賣價金之數額，並未明白表示達成合意者，往往解釋為依零售價格 (der Ladenpreis)，或市場價格 (der Marktpreis)❿。價金約定依市價者，視為標的物清償時清償地之市價。但契約另有訂定者，不在此限（民法第 346 條第 2 項）。

　　有人向車商訂購下一代新款式 BMW 轎車，車商預計交車時間可能在一年後，在訂立買賣契約及交車之間，大約有一年之時間，可以預見地，貨幣將因通貨膨脹而貶值。因此，車商不願在訂約時，將買賣價金之數額確定下來，往往與買受人約定，以交車日商品製造商或出賣人所訂之價目表為準，決定買賣價金之數額，此即所謂之決定買賣價金日條款

---

❿　但德國容許印刷品，例如：書籍、報紙、雜誌，限制轉售價格，請參照 Medicus, *Schuldrecht*, S. 13.

❿　鄭玉波，前揭書，第 62 頁；Larenz, aaO, S. 91.

❿　Larenz, aaO, S. 91.

(Tagespreisklausel) **❿**。決定買賣價金日條款，若規定於定型化契約條款 (AGBG) 內，則要受定型化契約條款之拘束。為避免出賣人片面無限制地提高買賣價金之數額，德國定型化契約條款第 11 條第 1 款規定，車輛應於訂約後四個月內交付者，應於訂約時確定買賣價金 **❿**。

㈣甲向乙車商購買一輛新轎車，買賣價金新臺幣一百三十萬元；甲與乙約定，由甲支付乙一百萬元現金，其餘三十萬元由甲以原有之舊轎車折抵。甲與乙間之法律關係為何？有三種不同見解，謹參考 Larenz 及 Medicus 之見解，分述如下 **❿**：

1.二個買賣契約說

甲與乙訂立二個買賣契約，即甲向乙買一輛新轎車，乙向甲買一輛舊轎車，雙方以買賣價金抵銷，由甲支付乙抵銷後之差額一百萬元現金。

2.一個買賣契約說

甲與乙訂立一個買賣契約，即新車之買賣契約，但甲依約定得以移轉舊車所有權之方式，清償新車買賣價金之部分債務。依此說之見解，甲之舊車因故滅失，致無法移轉所有權於乙時，甲應支付新車買賣價金之全部；此外，甲之舊車具有瑕疵時，乙得解除舊車部分之約定，並請求甲支付新車買賣價金之全部。

3.買賣與互易之混合契約說

甲應支付乙一部分買賣價金，就此部分而言，成立買賣契約；甲另外應移轉舊車所有權於乙，就此部分而言，成立互易契約，故甲與乙間，成立買賣與互易之混合契約。依此說之見解，甲自始所負之債務，不是新車價目表上所列之一百三十萬元，而是舊車加上差額一百萬元；但甲因故無法移轉舊車所有權於乙時，得以支付一百三十萬元之方式，取得新車所有

---

❿ Medicus, *Schuldrecht*, S. 40.

❿ Medicus, *Schuldrecht*, S. 40.

❿ Larenz, aaO, S. 92f.; Medicus, *Schuldrecht*, S. 41f.；此種問題，我國民法學者主張應適用民法第 399 條，史尚寬，《債法各論》，第 6 頁，稱為「附找價的互易」；鄭玉波，《民法債編各論上冊》，第 125 頁以下，稱為「附補足金之互易」。

權。因此，因不可歸責於甲之事由，致舊車之給付不能時，即屬一部不能；但乙給付新車之債務，係不可分之債務，所以，甲若未表示以支付全部價金即一百三十萬元購買該新車，即應認為係給付全部不能。假設舊車有瑕疵，瑕疵微小無關重要，則不得視為瑕疵（民法第 354 條第 1 項但書）；如果甲保證舊車之品質，但該舊車卻有重大瑕疵，此時乙基於契約之一體性 (wegen der Einheitlichkeit des Vertrages)，得解除整個契約或請求甲減少折抵之金額，換言之，即請求甲多支付一些買賣價金。假設新車有重大瑕疵，甲解除買賣契約，則甲僅能請求返還其已支付之一百萬元及舊車，不得請求返還一百三十萬元。

甲購買新車，但附條件，即乙車商收購其舊車，並以優惠之價格折抵新車之買賣價金。乙車商讓甲以優惠之價格折抵新車之買賣價金，其主要目的，不在於取得甲之舊車，而是要出賣新車於甲。因此，乙車商讓甲以舊車折抵部分買賣價金，事實上即為買賣價金之折讓 (ein Preisnachlaß)。乙車商之所以願意折讓買賣價金，係因為出售新車，縱使折讓部分買賣價金，對乙車商仍屬有利。故以舊車折抵新車之部分買賣價金，此種買賣，稱為附折抵之買賣 (Kauf mit Inzahlungnahme)，係一筆交易，但具有買賣及互易之因素。德國聯邦最高法院採一個買賣契約說，認為甲之舊車具有瑕疵時，乙車商得解除舊車部分之約定，並請求甲支付新車買賣價金之全部，此種見解，使甲失去折抵之利益，而且在無折抵條件下，要甲支付全部買賣價金，顯然不符合甲、乙訂約之真意；蓋甲僅願支付折抵後之買賣價金，而不是全部買賣價金。此外，甲與乙祇訂立一個買賣契約，故二個買賣契約說，亦不合當事人之意思，故德國學者通說採買賣與互易之混合契約說。

㈤民法第 372 條規定：「價金依物之重量計算者，應除去其包皮之重量。但契約另有訂定或另有習慣者，從其訂定或習慣。」買賣價金之計算方式，應由買賣契約當事人自由決定，如約定總價金（十輛汽車，共一千萬元），約定按件計算（甲車二百萬元，乙車一百萬元，丙車五十萬元……），或約定按物之重量計算者。買賣價金如約定按物之重量計算者，原則上應除去

其包皮之重量，蓋買受人所買者，為淨貨，而非包皮，故計算買賣價金，應以淨貨為準，不計算包皮之重量。

㈥支付買賣價金之時期：

1.民法第 369 條規定：「買賣標的物與其價金之交付，除法律另有規定或契約另有訂定，或另有習慣外，應同時為之。」買賣契約係雙務契約，買賣契約有效成立後，買受人及出賣人互負對價關係之債務。換言之，買受人負民法第 367 條所規定之義務,而出賣人負民法第 348 條所規定之義務。買受人支付買賣價金，與出賣人交付買賣標的物及移轉該物所有權，基於買受人與出賣人地位對等之原則，應同時為之。因此，買受人及出賣人雙方均得根據民法第 264 條第 1 項之規定，主張同時履行抗辯權，於他方當事人未為對待給付前，得拒絕自己之給付。惟此乃原則，尚有下列例外：

⑴法律另有規定時：例如：民法第 396 條規定：「拍賣之買受人，應於拍賣成立時或拍賣公告內所定之時，以現金支付買價。」

⑵契約另有訂定時：例如：在賒欠買賣及保留所有權買賣，出賣人先給付，買受人後支付價金；在預約買賣，買受人先支付價金，出賣人後給付；在分期付價買賣，買受人分期支付買賣價金。

⑶另有習慣時：例如：看電影、看話劇，均是先購票，後觀賞。

2.民法第 370 條規定：「標的物交付定有期限者，其期限，推定其為價金交付之期限。」當事人未定價金之交付期限時，基於標的物與價金同時交付之原則，標的物交付之期限，推定其為價金交付期限。反之，當事人就價金之交付，約定期限者，則不適用民法第 370 條之規定。

價金之交付期限，當事人並未約定，法律亦無特別規定，又無習慣，而標的物之交付又未定期限者，則適用民法第 315 條之規定，即出賣人得隨時請求清償，買受人亦得隨時為清償。

㈦支付買賣價金之處所：民法第 371 條規定：「標的物與價金應同時交付者，其價金應於標的物之交付處所交付之。」反之，標的物與價金不同時交付者，則價金之交付處所，依民法第 314 條之規定，為債權人（即出賣人）之住所地。

二、受領標的物之義務

㈠依民法第 367 條之規定，買受人對於出賣人，除交付約定價金之義務外，尚有受領標的物之義務 **❿**。嚴格言之，僅於物之買賣，買受人才有受領標的物之義務；於權利買賣，買受人原則上並無此項義務。此外，買受人受領標的物之義務，與出賣人之給付義務，並非處於對價之關係 (nicht synallagmatisch)。因此，買受人受領標的物之義務，並非買賣契約之要素，縱使買賣契約當事人約定排除買受人受領標的物之義務，亦不影響買賣契約之有效成立，此與買受人交付約定價金之義務，顯有不同，故有學者將其定位為從屬義務 **❿**。但聯合國國際商品買賣公約第 61 條第 1 項規定：「買受人不履行依契約或本公約規定義務之一者，出賣人得行使本公約第 62 條至第 65 條所規定之權利，及依本公約第 74 條至第 77 條之規定請求損害賠償。」同公約第 62 條規定：「出賣人得請求買受人支付買賣價金、受領買賣標的物及履行其他義務。」同公約第 63 條第 1 項規定：「出賣人得定相當期限催告買受人履行其義務。」同公約第 64 條第 1 項第 2 款規定：「買受人未於出賣人依第 63 條第 1 項所定期限內，履行其支付買賣價金、受領標的物之義務，或明示不於出賣人所定期限內履行義務者，出賣人得解除契約。」從法律效果觀察，買受人支付買賣價金之義務與受領標的物之義務並列，並無區別；買受人違反其中之一義務，出賣人所能行使之權利亦相同，故有學者將買受人之受領義務，定位為主要給付義務 **❿**。

㈡買受人受領買賣標的物，表示免除出賣人保管買賣標的物之義務 **❿**。

---

❿　我國民法第 367 條之規定，與德國民法第 433 條第 2 項、瑞士債法第 211 條第 1 項相當。反之，奧地利民法學者認為買受人受領標的物，係權利，而非義務，出賣人（債務人）不得強制買受人（債權人）受領標的物，請參照 Koziol/Welser, aaO, S. 56, 175.

❿　Larenz, aaO, S. 94.

❿　Schlechtriem, aaO, S. 58.

❿　依奧地利民法第 1047 條及第 1061 條之規定，出賣人於交付買賣標的物前，應細心謹慎保管買賣標的物。

因此，此處所稱之受領 (Abnahme)，係針對買賣標的物之實際交付而言，不包括占有改定或指示交付，與民法第 309 條第 1 項規定之受領（清償受領 Annahme als Erfüllung）不同。依德國聯邦最高法院之見解 (BGHZ 58, 246, 249)，此處之受領，尚包括所有權移轉時買受人之必要協力行為，例如不動產所有權移轉之受領意思❿。

　㈢對於出賣人合法提出之給付，買受人不履行其受領義務時，買受人非但陷於受領遲延，並且陷於給付遲延❿，出賣人得請求買受人賠償因遲延而生之損害（民法第 231 條第 1 項），遲延後之受領，於出賣人無利益者，出賣人得拒絕買受人之受領，並得請求買受人賠償因不受領而生之損害（民法第 232 條）。例如：甲超級市場決定於 94 年 7 月 31 日結束營業，並於同年 8 月 1 日將場地返還給出租人，為便於清倉之目的，甲將所有庫存全部賣給乙，並與乙約定至遲應於 94 年 7 月 31 日之前清倉完畢。結果乙於 94 年 8 月 10 日才清倉完畢，讓甲必須多付一個月租金一百萬元，則甲得請求乙賠償因遲延而生之損害一百萬元。假設乙遲至 94 年 7 月 31 日尚未開始清倉，而甲為返還場地於出租人，臨時請搬運公司將庫存搬離超市，此時甲得拒絕乙之受領，並請求乙賠償搬運費。然而，買受人受領遲延者，出賣人得否定相當期限催告買受人受領，如於期限內不受領時，解除其契約（民法第 254 條）？德國通說以前認為，出賣人不得解約，理由在於德國民法第 326 條（相當於我國民法第 254 條及第 255 條）係以雙務契約為前提要件，一方之給付，為他方給付之對待給付，而給付遲延時，才有適用之餘地。但買受人受領給付之義務，並非出賣人負給付義務之對待給付，故縱使買受人受領遲延，亦不得適用德國民法第 326 條之規定❿。反之，

---

❿　Larenz, aaO, S. 94; 在土地買賣之情形，倘出賣人已交付土地與買受人，但買受人拒絕協同辦理所有權移轉登記，亦為不履行其受領之義務。

❿　最高法院 64 年臺上字第 2367 號判例：「買受人對於出賣人有受領標的物之義務，為民法第 367 條所明定，故出賣人已有給付之合法提出而買受人不履行其受領義務時，買受人非但陷於受領遲延，並陷於給付遲延，出賣人非不得依民法第 254 條規定據以解除契約。」

聯合國國際商品買賣公約第 63 條第 1 項、第 64 條第 1 項第 2 款則規定出賣人得定期催告後解約❶❾❽。

出賣人得起訴請求買受人受領買賣標的物，但出賣人提出之物有瑕疵者，不在此限❶❾❾。

貳、從屬給付義務

買受人之從屬給付義務，有法定從屬給付義務及約定從屬給付義務二種，分述如下：

一、法定從屬給付義務

㈠民法第 358 條第 1 項規定：「買受人對於由他地送到之物，主張有瑕疵，不願受領者，如出賣人於受領地無代理人，買受人有暫為保管之責❷⓿⓿。」同條第 3 項規定：「送到之物易於敗壞者，買受人經依相當方法之證明，得照市價變賣之。如為出賣人之利益，有必要時，並有變賣之義務。」

㈡民法第 375 條規定：「標的物之危險，於交付前已應由買受人負擔者，出賣人於危險移轉後，標的物之交付前，所支出之必要費用，買受人應依關於委任之規定，負償還責任。前項情形，出賣人所支出之費用，如非必要者，買受人應依關於無因管理之規定，負償還責任。」

㈢依民法第 378 條第 1 款及第 3 款之規定，買賣契約之費用，由當事人雙方平均負擔；受領標的物之費用、登記之費用及送交清償地以外處所之費用，由買受人負擔。

---

❶❾❼　Larenz, aaO, S. 94; Medicus, *Schuldrecht*, S. 14.

❶❾❽　鄭玉波教授亦認為出賣人得解除契約，請參照氏著，前揭書，第 68 頁；我國最高法院 64 年臺上字第 2367 號判例亦同。

❶❾❾　Schlechtriem, aaO, S. 58.

❷⓿⓿　我國民法第 358 條第 1 項之規定，相當於德國商法第 379 條之規定，但德國商法該條規定僅適用於買受人及出賣人均是商人之情形；倘若買受人或出賣人之一方非商人，在德國係依該國民法第 242 條誠信原則之規定。相當之規定，並見於 Art. 86I, II CISG。

㈣民法第 356 條規定買受人負檢查、通知之義務，係買受人請求出賣人負物之瑕疵擔保責任之要件，及避免買受人在法律上受到不利益，故該義務之違反，祇是違反對自己之義務 (Obliegenheit)，而不是違反固有意義之義務 (Pflicht)，與買受人之從屬給付義務不同，並予說明❷⓿❶。

二、約定從屬給付義務

買受人之從屬給付義務，得由當事人明白約定。例如：出賣人同意買受人賒帳，但要求買受人提供殷實商人保證；則殷實商人之保證，為買受人之從屬給付義務。此外，買受人之從屬給付義務，亦得由契約之解釋而來。例如：甲向乙訂購十部車輛，約定甲有權決定交車之時間、地點，則甲亦有決定交車之時間、地點之從屬義務；否則，乙無法履行其給付義務。

參、保護義務

甲向乙購買一部電腦，乙將電腦主機、顯示器、滑鼠、鍵盤等送到甲家，並在甲家安裝、測試；則甲負有義務，保護乙在甲家安裝、測試期間之安全。甲（買受人）對乙（出賣人）之保護義務，係屬於契約內之一環，並且因各種情況，為出賣人之利益，而具體化及強化。例如：甲向乙訂購生產 LCD 之設備，而組裝該設備及測試，往往費時數月，則在乙安裝測試期間，甲不但要保護乙人員之安全，而且要保護機械設備之安全❷⓿❷。

▶▶ 第二項　法律效果 ◀◀

壹、買受人違反主要給付義務之法律效果

一、買受人不支付買賣價金及不受領買賣標的之法律效果

---

❷⓿❶　Larenz, aaO, S. 95.

❷⓿❷　Schlechtriem, aaO, S. 59.

買賣契約有效成立後，買受人拒絕受領買賣標的，亦拒付買賣價金時，出賣人得行使下列權利：

㈠請求買受人履行債務

出賣人根據民法第 367 條之規定，得請求買受人交付約定價金及受領標的物。就交付約定價金部分而言，因屬金錢債務，不容有不能之觀念，即使有不可抗力等危險，亦應由買受人負擔，決不能藉口損失及人欠未收，以冀減免責任（20 年上字第 233 號判例及 31 年上字第 2736 號判例）。但因戰爭、革命引起經濟制度及貨幣制度之徹底變更，不能期待買受人支付原約定之價金時，應適用民法第 227 條之 2 情事變更原則，調整契約之內容❷⓪③。就受領買賣標的部分而言，基於主觀或客觀之事由，買受人確有不能受領買賣標的之可能，例如：甲向乙購買拉拉山之水蜜桃，依約定甲應到拉拉山親自採收水蜜桃，但因甲在前往拉拉山途中發生車禍，致無法親自採收水蜜桃。債之關係發生後，給付不能者，無論其不能之事由如何，債權人均不得請求債務人為原定之給付（31 年上字第 391 號判例）。因此，乙不得請求甲依約定親自採收水蜜桃。但買受人受領買賣標的，不但是義務，而且也是權利，故甲未前往拉拉山親自採收水蜜桃，不但構成給付遲延，而且構成受領遲延。

㈡得拒絕自己之給付

民法第 264 條規定：「因契約互負債務者，於他方當事人未為對待給付前，得拒絕自己之給付。」因此，買受人既不支付約定之價金，又不受領買賣標的，出賣人當然得行使同時履行抗辯權，拒絕自己之給付。

㈢請求損害賠償及解除契約

買受人不支付約定之價金，不構成給付不能，但卻構成給付遲延；買

---

❷⓪③　Schlechtriem, aaO, S. 59; 德國民法第 313 條之規定，相當於我國民法第 227 條之 2，但內容不完全相同。

受人不受領買賣標的物，不但構成給付遲延，而且構成受領遲延。因此，因可歸責於買受人之事由，致不支付約定之價金及拒絕受領買賣標的物者，出賣人得請求買受人賠償因遲延而生之損害（民法第 231 條第 1 項）。例如：依法定利率計算之遲延利息（民法第 233 條第 1 項前段）、買賣標的物之必要倉儲費用、出賣人所支出之催告費用。此外，出賣人仍得依民法第 367 條之規定，請求買受人支付約定之價金及受領買賣標的物。

出賣人亦得依民法第 254 條之規定，定相當期限催告買受人履行債務，買受人如於期限內不履行時，出賣人得解除買賣契約。依民法第 260 條之規定，解除權之行使，不妨礙損害賠償之請求。但於此種情形，買賣契約既經解除，溯及訂約時失其效力，與自始未訂契約同（23 年上字第 3968 號⑵判例），故出賣人不得再依民法第 367 條之規定，請求買受人支付約定之價金及受領買賣標的物。

二、買受人單純不支付買賣價金之法律效果

買受人雖然已經受領買賣標的物，但尚未支付買賣價金，出賣人得行使下列權利：

㈠根據民法第 367 條之規定，請求買受人交付約定價金。買受人未支付買賣價金或遲延支付買賣價金者，出賣人依民法第 233 條之規定，尚得請求買受人依法定利率計算之遲延利息❷⁰⁴。

㈡根據民法第 254 條之規定，出賣人得定相當期限催告買受人履行，買受人如於期限內不履行時，出賣人得解除買賣契約。買賣契約解除後，出賣人根據民法第 259 條之規定，得請求買受人返還買賣標的物；買賣標的物生有孳息者，尚得請求返還孳息；買賣標的物有毀損、滅失或因其他事由，致不能返還者，出賣人得請求買受人返還其價額，即相當於買賣價金之金額。此外，出賣人根據民法第 260 條之規定，尚得請求買受人賠償損害。

---

❷⁰⁴ 最高法院 21 年上字第 2393 號判例：「因買受貨物所負之價金支付義務，亦為民法第 233 條第 1 項所稱『以支付金錢為標的之債務』，債務人遲延時，債權人自得依同條項之規定，請求遲延利息。」

三、買受人單純不受領買賣標的物之法律效果

買受人雖然已經支付買賣價金，但尚未受領買賣標的物時，出賣人得行使下列權利：

㈠請求買受人受領買賣標的物（民法第 367 條）：因可歸責於買受人之事由，致未受領買賣標的物時，尚得因買受人給付遲延，請求買受人賠償損害，例如：倉儲費用。因買受人未受領買賣標的物，不但構成給付遲延，而且構成受領遲延，故縱使不可歸責於買受人之事由，出賣人仍得依民法第 240 條之規定，請求買受人賠償提出及保管給付物之必要費用。

㈡解除契約：買受人已經付清買賣價金，祇是尚未受領買賣標的物，依德國以前之通說，原則上出賣人不得解除契約（解除契約往往以他方當事人未履行對價關係之給付義務為前提要件，但未受領買賣標的物並非未履行對價關係之給付義務），但依聯合國國際商品買賣公約第 63 條第 1 項、第 64 條第 1 項第 2 款之規定，出賣人得定期催告後解約，尤其是出賣人訂立買賣契約之主要目的，在於使買受人受領買賣標的物者，例如：甲超級市場清倉之目的，在於結束營業，將房屋返還於出租人，今買受人卻遲未清倉，則甲得催告解約，並請求損害賠償，如前面於受領標的物之義務所舉例子，不再贅述。

貳、買受人違反從屬給付義務之法律效果

買受人與出賣人約定，生產買賣標的物之計畫、資訊及材料由買受人提供，或由買受人親自到出賣人處提取買賣標的物（往取債務），買受人違反這些從屬給付義務時，出賣人得行使下列權利：

㈠請求買受人履行從屬給付義務。

㈡保留自己之給付。

㈢請求買受人履行從屬給付義務外，再請求買受人損害賠償。

㈣解除契約。因買受人不履行從屬給付義務，致使買受人雖為主要給付，但出賣人失去利益時，出賣人得解除契約。例如：甲將其產品賣給乙，

並約定乙之經銷區域，乙不得逾越其經銷區域，破壞甲之銷售系統。現在，乙逾越其經銷區域，將該產品銷售到其他區域，破壞甲之銷售系統。甲為不再供貨給乙，得解除契約。

參、買受人違反保護義務之法律效果

買受人違反保護義務，則出賣人得請求買受人債務不履行損害賠償。例如：甲向乙購買一部電腦，乙請求員工丙送貨至甲之住所；甲看丙不順眼，故意干擾丙安裝測試電腦，讓丙未完成工作，即落荒而逃。此時，乙得請求甲賠償丙該日薪資之損害。

第三節　對於出賣人及買受人共同之效力

第一項　雙務契約之效力

買賣契約係雙務契約，物之出賣人，負交付其物於買受人，並使其取得該物所有權之義務（民法第 348 條第 1 項）；買受人對於出賣人，有交付約定價金之義務（民法第 367 條）；雙方之債務，具有對價給付之關係，均應適用民法第 264 條以下之規定。反之，買受人受領標的物之義務，與出賣人之給付義務，並不具有對價給付關係，而是法律賦予出賣人之利益[205]；故原則上不適用民法第 264 條以下之規定。但當事人得約定，買受人受領標的物之義務，與出賣人之給付義務，處於對價給付之關係[206]，請參照前面所舉清倉買賣之例子。

---

[205]　Larenz, aaO, S. 94.

[206]　Medicus, *Schuldrecht*, S. 14.

第二項　危險之移轉

> **問題之提出**
>
> 　　甲於民國 88 年 1 月 1 日與乙訂立買賣契約，將其所有之一間房屋賣給乙，買賣價金新臺幣二千萬元，雙方約定，於同年 6 月 1 日交屋，並於同年 12 月 1 日辦理所有權移轉登記；乙於交屋時支付買賣價金一千萬元，於辦理所有權移轉登記完畢時，支付另一半買賣價金。詎料，該屋於同年 9 月 21 日因地震而倒塌，請問甲、乙間之法律關係？假設約定 88 年 6 月 1 日辦理所有權移轉登記完畢，而同年 12 月 1 日交屋，其情形又如何？

　　買賣契約是雙務契約，買賣契約有效成立後，買受人及出賣人互負對價關係之債務；買受人之所以願意負支付約定價金之義務，係因出賣人也負交付買賣標的物及移轉買賣標的物所有權之義務；反之，亦同。我們稱這種義務的交換關係為雙務關係 (synallagmatisch)。依民法第 348 條第 1 項之規定，物之出賣人負有二項義務，即其一，交付買賣標的物於買受人之義務；其二，使買受人取得買賣標的物之所有權之義務。在出賣人交屋後，移轉房屋所有權之前，發生大地震，使房屋倒塌（房屋之所有權消滅），係因不可歸責於買受人及出賣人之事由，致使買賣標的物滅失，出賣人（債務人）免移轉房屋所有權於買受人之義務（民法第 225 條第 1 項）；此時，買受人無法取得買賣標的物之所有權。問題在於，買受人是否尚有支付買賣價金之義務？得否請求返還已支付之部分買賣價金？依雙務契約之對價交換關係而言，出賣人既免給付義務，買受人當然免為對待給付之義務，如已為全部或一部之對待給付者，得依關於不當得利之規定，請求返還（民法第 266 條）。然而，民法第 373 條卻規定：「買賣標的物之利益及危險，

自交付時起,均由買受人承受負擔。」因此,買受人受領買賣標的物之交付,縱使無法取得買賣標的物之所有權,仍有支付全部買賣價金之義務。民法第373條之規定,打破雙務契約之對價交換關係,其立法目的何在?

反之,在出賣人移轉房屋所有權之後,交屋之前,發生大地震,使房屋倒塌,致使出賣人無法履行其交屋之義務;買受人無法取得房屋之占有,是否尚有支付買賣價金之義務?得否請求返還已支付之買賣價金?依民法第266條之規定,買受人並無支付約定價金之義務,尚得根據不當得利之規定,請求出賣人返還已支付之部分價金。但學說卻認為:「天災歸所有人負擔。」❷⓪❼因此,買受人不但不能請求返還已支付之部分價金,而且必須支付其餘之價金。

上述問題,係危險負擔之問題,即買賣契約有效成立後,因不可歸責於買受人及出賣人之事由,致買賣標的物受損或滅失時,出賣人之給付一部或全部不能,是否尚能請求買受人支付買賣價金?換言之,買受人無法取得買賣標的物時,是否仍須支付買賣價金?如由買受人負擔危險,則買受人仍須支付買賣價金;如由出賣人負擔危險,則買受人毋須支付買賣價金;故危險負擔之問題,即為買賣價金危險之問題 (das Problem der Preisgefahr)。茲從法律發展之觀點,略述危險負擔之制度如下:

壹、羅馬法

古典時期之羅馬法學家,原則上認為買賣價金之危險,由買受人負擔 (periculum est emptoris),而且是從買賣契約生效時起,由買受人負擔 (perfecta emptione periculum ad emptorem respicit)❷⓪❽。為什麼買受人自

---

❷⓪❼ 鄭玉波,《民法債編各論上冊》,第73頁。

❷⓪❽ 鄭玉波認為羅馬法採買受人負擔主義,即買賣契約成立後,無論標的物交付與否其危險概由買受人負擔,請參照氏著,《民法債編各論上冊》,第70頁。事實上,應是自買賣契約生效時起 (die Perfektion des Kaufs),而不是買賣契約成立後 (ab dem Kaufabschluß),蓋於附條件或附期限之買賣契約,自停止條件成就或始期居至,買賣契約始生效力;買受人始得請求出賣人履行給付義務,此

買賣契約生效時起，要負擔買賣價金之危險？根據法學研究，可能是在現實買賣之事件，羅馬法學家採取此項原則 ❷⓿⑨。例如：甲向乙購買一輛自行車（現實買賣），買賣契約成立生效後，甲將該車暫寄於乙，因該車所有權屬於甲，並非乙之財產，故因不可歸責於雙方當事人之事由，致自行車滅失時，應由甲承擔損失。

然而，自後古典時期或優士丁尼大帝時起，在許多例外之事件，羅馬法學家卻讓出賣人承擔買賣價金之危險。其作法係使出賣人不但負過失責任，而且負事變責任。出賣人就事變 (custodia) 引起之給付不能，應負損害賠償責任；在出賣人賠償買受人損害時，得向買受人請求支付買賣價金。如此，買受人僅負擔不可抗力引起之損失。為什麼出賣人要承擔事變責任之損失，而買受人承擔不可抗力之損失，從羅馬法學家留下之資料，很難明確得到答案，或許是基於影響可能性 (Einflußmöglichkeiten) 或利益 (Interessen) 之觀點，分配買受人及出賣人之危險負擔 ❷⓵⓿。

此外，於出賣人負事變責任之事件，出賣人依債之本旨（約定之日期）向買受人提出給付，但買受人卻不在家，換言之，買受人受領遲延；買受人受領遲延時，出賣人不必負擔危險，買賣標的物受損或滅失，其危險由買受人負擔 (si per eum stetisset quo minus traderentur)。奧地利民法第 1061 條及第 1048 條即係以契約約定應交付時，作為危險移轉時，契約若未約定應交付時者，則以事實上之交付時，作為危險移轉時（奧地利民法第 1064 條，第 1048 條至第 1051 條）❷⓵⓵。德國民法第 446 條第 1 項則規定，買賣標的物交付時，危險移轉於買受人。反之，瑞士債法第 185 條第 1 項規定，

時要求買受人承擔買賣價金之危險，尚可理解；反之，若停止條件成就前，或始期屆至前，買賣契約尚未生效，買受人尚不得請求出賣人履行給付義務，卻要求買受人承擔買賣價金之危險，顯然違反誠信原則，請參照 Hausmaninger/Selb, aaO, S. 293; Kaser, aaO, S. 171.

❷⓿⑨ Hausmaninger/Selb, aaO, S. 292; Kaser, aaO, S. 171.

❷⓵⓿ Hausmaninger/Selb, aaO, S. 293; Kaser, aaO, S. 171.

❷⓵⓵ Koziol/Welser, aaO, S. 158.

買賣標的物之利益及危險，原則上自訂約時起，移轉於取得人（買受人）。

貳、我國民法之規定

一、我國民法第 373 條規定：「買賣標的物之利益及危險，自交付時起，均由買受人承受負擔。但契約另有訂定者，不在此限。」所謂交付，係指事實上之交付，亦即移轉直接占有之意思。買賣標的物之利益及危險，為何均自交付時起，移轉於買受人？通說認為，買受人因受領買賣標的物之交付，而取得買賣標的物之占有，對於買賣標的物具有事實上之影響力 (die tatsächliche Einwirkungsmöglichkeit)，縱使尚未取得所有權，但對於出賣人仍有占有、使用及收益買賣標的物之權利[212]。因此，買受人訂立買賣契約所欲追求之經濟上成果，大部分均因占有買賣標的物而得到實現。基於這個理由，買受人也比較應該承擔買賣標的物之危險，即買賣標的物因不可歸責於買受人及出賣人之事由而滅失時，所引起之經濟上損失[213]。換言之，危險負擔之分配原則，係著眼於「誰對於買賣標的物有經濟上之利益，誰就負擔其經濟上之危險。」（請參照奧地利民法第 1050 條）及「誰比較接近買賣標的物，比較能避免買賣標的物之危險，即負擔其危險。」[214]因此，買賣標的物於交付後，所有權移轉前，因不可歸責於雙方當事人之事由，致受損或滅失時，由買受人（債權人）承擔買賣價金之危險，即出賣人（債務人）得請求買受人支付買賣價金，為民法第 266 條之例外規定。

二、依民法第 761 條第 1 項前段之規定，動產所有權之移轉，因交付

---

[212] 在土地買賣之情形，倘出賣人已交付土地與買受人，雖買受人之所有權移轉登記請求權之消滅時效已完成，惟其占有土地既係出賣人本於買賣之法律關係所交付，即具有正當權源，原出賣人自不得認係無權占有而請求返還（85 年臺上字第 389 號判例）；王澤鑑，〈民法總則編關於法律行為之規定對物權行為適用之基本問題〉，收錄於《民法學說與判例研究第五冊》，第 71 頁。

[213] Larenz, aaO, S. 97.

[214] Koziol/Welser, aaO, S. 158 及其註 27 所引用 Schilcher 及 Graf 之著作；鄭玉波主張「損益兼歸原則」，其理由相似，請參照鄭玉波，《民法債編各論上冊》，第 70 頁。

而生效力。因此，動產之出賣人，將買賣標的物直接交付於買受人時，不但履行其交付之義務，而且履行其移轉所有權之義務。換言之，出賣人已完全履行其出賣人之義務。出賣人完全履行其出賣人義務後，買賣標的物受損或滅失，均與出賣人無關，出賣人得請求買受人支付約定之買賣價金。此時，民法第 373 條危險移轉之規定，並無特別重要性。然而，於動產買賣之情形，出賣人直接交付買賣標的物於買受人時，保留所有權，使所有權移轉與交付分離，則民法第 373 條之規定即有意義。例如：甲將一部轎車賣給乙，雙方訂立買賣契約後，甲將該轎車交付於乙，並於讓與合意附停止條件，即乙付清買賣價金，轎車所有權始移轉於乙。因此，在乙付清買賣價金之前，甲雖將轎車交付於乙，但該轎車所有權仍未移轉於乙。假設因不可歸責於甲、乙之事由，致使買賣標的物滅失，依民法第 373 條之規定，因買賣標的物已交付，故危險由買受人負擔，所以甲得請求乙支付約定之價金❷¹⁵。

　　三、動產出賣人，依民法第 761 條第 2 項（占有改定）、第 3 項（指示交付）之規定，使買受人取得買賣標的物之所有權及「間接占有」，嗣後因不可歸責於雙方當事人之事由，致買賣標的物滅失時，買受人是否應支付買賣價金？此問題應探討，出賣人使買受人取得買賣標的物之「間接占有」，是否已經履行民法第 348 條第 1 項之「交付義務」？即出賣人是否已經完全履行其出賣人之義務？如果認為出賣人已完全履行其出賣人之義務，則買賣標的物嗣後受損、滅失，與出賣人無關，買受人無論如何均應支付約定之價金。反之，如果認為出賣人尚未完全履行其出賣人之義務，則須探討危險負擔之問題。依通說之見解，首先應探求當事人之真意；有疑義時，則以有理解能力之當事人，在此種狀況下，將會達成何種協議為準。在占有改定之情形，出賣人繼續直接占有買賣標的物，但支付租金於買受人；在指示交付之情形，買受人因指示交付而與第三人成立租賃契約關係。此時，因買受人已經從買賣標的物取得經濟上之利益，故應認為出賣人已經完全履行其出賣人之義務，至少應認為買賣標的物之危險，已經隨著經濟

❷¹⁵　Koziol/Welser, aaO, S. 155 及其註 25 所引用 Bydlinsky 及 Frotz 之著作。

上利益之轉移，而移轉於買受人。反之，買受人尚未取得經濟上之利益時，例如：出賣人與買受人另外訂立者，係使用借貸契約，而不是租賃契約，故並不負支付租金於買受人之義務；或出賣人與第三人訂立者，為使用借貸契約，故買受人與第三人並不因指示交付而成立租賃契約關係，則應認為出賣人尚未完全履行其出賣人之義務，出賣人尚負使買受人取得「直接占有」之義務。因為依民法第 373 條之基本思想，出賣人雖使買受人取得所有權，但因未使買受人取得經濟上之利益，故買賣標的物之危險不移轉 ❷⑯。

　　四、所謂危險，通說認為係指「因不可歸責於雙方當事人之事由，致買賣標的物受損或滅失」而言。然而，買賣標的物為政府徵收，是否為民法第 373 條所規定之危險？例如：甲將房屋賣給乙，交屋後，移轉所有權前，該屋為政府徵收，是給付不能？抑或是危險負擔？房屋並不因政府徵收而受損或滅失，如果認為徵收不是危險，則應適用給付不能之規定，即因不可歸責於出賣人之事由，致給付不能（無法移轉房屋所有權於買受人），出賣人免給付義務（民法第 225 條第 1 項），而買受人亦免支付約定價金之義務（民法第 266 條第 1 項）。反之，如果認為徵收是民法第 373 條所規定之危險，則房屋既已交付於買受人，即應由買受人負擔危險，換言之，買

---

❷⑯　學者鄭玉波認為所謂交付，不僅指現實交付，尚包括觀念交付中之簡易交付、占有改定及指示交付，請參照氏著，前揭書，第 70 頁；我國最高法院 44 年臺上字第 828 號⑴判例認為：「買賣標的物之利益及危險，自交付時起，由買受人負擔，固為民法第 373 條所明定。但該條所謂交付，並非以現實交付為限，亦可準照同法第 946 條第 2 項、第 761 條第 3 項規定，讓與返還請求權以代交付」。此外，40 年臺上字第 1200 號判例，亦同。就此問題，德國學說見解不一，Leonhard 認為出賣人負擔危險，Siber 及 Esser 均認為出賣人移轉所有權於買受人時，危險即移轉於買受人，Palandt/Putzo 認為出賣人使買受人取得間接占有，尚有不足，Erman/Weitnauer 則認為出賣人使買受人取得間接占有，原則上是足夠了，Filios 認為占有改定係用來改良出賣人交付之義務，故出賣人僅負間接給付之義務，危險通常因占有改定而移轉於買受人，請參見 Larenz, aaO, S. 98 之註 22。

受人應支付約定之價金，卻無法取得房屋之所有權。德國學說傾向於認為，徵收、沒收等均非危險；反之，德國法院傾向於認為，徵收、沒收、落入敵人之手……均為危險**❷**。

五、因不可歸責於雙方當事人之事由，致買賣標的物於訂約後，交付前受損者，係給付一部不能？抑或是物之瑕疵？通說認為此非一部不能，而是物之瑕疵。因此，買受人應依民法第 354 條以下之規定，請求出賣人負物之瑕疵擔保責任。反之，買賣標的物，於交付後，因不可歸責於雙方當事人之事由而受損者，出賣人不負物之瑕疵擔保責任**❸**。

六、不動產買賣，若先辦理所有權移轉登記，而後交付者，何時移轉危險？我國最高法院 47 年臺上字第 1655 號判例，認為民法第 373 條所稱之危險負擔，除買賣契約另有訂定外，概自標的物交付時起，移轉於買受人，至買受人已否取得物之所有權，在所不問。換言之，縱使辦理所有權移轉登記在先，交付在後，仍以交付作為危險移轉之時點。反之，學者通說認為所有權既已移轉，標的物縱未交付，危險亦應由買受人負擔，其理由為(1)買受人既已取得所有權，則依「天災歸所有人負擔」之法諺，理應如是。(2)德國民法第 446 條第 2 項已明定如此，我國民法第 373 條與德國民法原則上採同一主義（即以交付主義為原則），自亦不能不認為同有此項例外，即未交付而先移轉所有權者，採所有人負擔危險主義**❹**。

本書認為，不動產買賣，辦理所有權移轉登記在先，而交付在後，其危險移轉，仍以交付時為準。理由在於：(1)危險負擔之分配原則，係著眼於「誰對於買賣標的物有經濟上之利益，即負擔其經濟上之損失」，「誰比較接近買賣標的物，比較能避免買賣標的物之危險，即負擔其危險」。因占有買賣標的物者，對該物得為使用、收益，故以占有之時點（即交付時），

---

❷　Larenz, aaO, S. 98; 我國最高法院 80 年臺上字第 2504 號判例，就出賣人已將土地交付買受人，但尚未辦理所有權移轉登記，該土地為政府徵收，認定係給付不能。

❸　Larenz, aaO, S. 98.

❹　鄭玉波，《民法債編各論上冊》，第 73 頁及第 76 頁之註 17 所引用之著作。

作為危險移轉之時點。反之，登記為所有人，並不能使買受人取得占有、使用、收益買賣標的物之利益 ❷，如何令買受人負擔危險？⑵所有人與否，並非分配危險負擔之要件。例如：甲將房屋賣給乙，雙方訂立買賣契約後，甲將房屋交付給乙，在辦理所有權移轉登記完畢之前，甲仍是該房屋之所有權人，乙仍未取得該房屋之所有權（民法第 758 條）。若在此時發生大地震，將房屋震垮，依「天災歸所有人負擔」之法諺，甲應負擔危險。但依學者通說之見解，此時因乙占有該屋，取得經濟上之利益，故乙應負擔危險，可見「天災歸所有人負擔」之法諺，未必允當。⑶德國民法第 446 條第 2 項之規定，已於 2002 年修正時，予以廢除。⑷奧地利民法亦採交付原則，在不動產買賣，亦以現實交付 (die tatsächliche Übergabe)，而非以土地登記簿上之登記 (die bücherliche Eintragung)，為危險移轉之時點 ❷。

七、代送買賣 (Versendungskauf)

㈠民法第 374 條規定：「買受人請求將標的物送交清償地以外之處所者，自出賣人交付其標的物於為運送之人或承攬運送人時起，標的物之危險，由買受人負擔。」此條規定，即為所謂之代送買賣，其危險移轉時點，為出賣人交付其標的物於為運送之人或承攬運送人時，而非交付買受人時，故與民法第 373 條之規定不同。

㈡代送買賣之要件，係買受人請求將標的物送交清償地以外之處所。然而，何謂清償地？所謂清償地，係指給付地，或履行地，乃債務人應為清償行為之處所。如何決定清償地？依民法第 314 條之規定：「清償地，除法律另有規定或契約另有訂定，或另有習慣，或得依債之性質或其他情形決定者外，應依左列各款之規定：一、以給付特定物為標的者，於訂約時，

---

❷ 「不動產買賣契約成立後，其收益權屬於何方，依民法第 373 條之規定，應以標的物已否交付為斷。所有權雖已移轉，而標的物未交付者，買受人仍無收益權。所有權未移轉，而標的物已交付者，買受人亦有收益權」，請參照最高法院 33 年上字第 604 號判例及 40 年臺上字第 1200 號判例。

❷ Koziol/Welser, aaO, S. 158.

其物所在地為之。二、其他之債，於債權人之住所地為之。」因此，清償地之決定，首先應依當事人之約定（契約自由原則）；當事人未約定時，依其他法律之規定（如民法第 371 條規定，價金與標的物應同時交付者，其價金應於標的物之交付處所交付之）；其他法律未規定時，依習慣、債之性質或其他情形決定；如不能依上述方法決定清償地，則依訂約時特定物所在地或債權人住所地。

　　㈢以債務人之住所地為清償地者，謂之往取債務；以債權人之住所地為清償地者，謂之赴償債務。法國民法第 1247 條、德國民法第 269 條、第 270 條及瑞士債法第 74 條以往取債務為原則，而我國民法第 314 條及日本民法第 484 條則以赴償債務為原則❷❷❷。雙方並未約定買受人之住所為清償地時，德國民法採往取債務原則 (Holschuld)，以債務人（出賣人）之住所地為清償地，故債權人（買受人）應至出賣人之住所地或營業所地受領買賣標的物之給付，出賣人並無將買賣標的物送至買受人住所之義務，如果買受人請求出賣人將買賣標的物送到買受人之住所，即為送交清償地以外處所。反之，因我國民法採赴償債務原則，故出賣人（債務人）應將買賣標的物送至買受人（債權人）之住所，交付於買受人，所以出賣人負擔危險，直至交付買受人時為止。換言之，出賣人原則上依民法第 373 條負擔危險，而不是依民法第 374 條之規定負擔危險❷❷❸。

　　㈣買受人請求出賣人將買賣標的物送交清償地以外之處所時，顯然逾越出賣人之契約義務範圍，並且可能延長出賣人之責任（例如交付之時間延後），提高出賣人給付之危險，如堅持以交付買受人時移轉危險，對出賣人十分不公平，故民法第 374 條特別規定，自出賣人交付買賣標的物於為運送之人、承攬運送人時起，標的物之危險，由買受人負擔。此時，買受

---

❷❷❷　鄭玉波／陳榮隆，《民法債編總論》，第 638 頁。

❷❷❸　Larenz 認為赴償債務 (Bringschuld)，依德國民法第 446 條（即我國民法第 373 條）之規定，出賣人負擔價金危險，直至交付時止，請參照 Larenz, aaO, S. 101, 103; Medicus 認為，在赴償債務，不成立代送買賣，請參照 Medicus, *Schuldrecht*, S. 15.

人尚未占有買賣標的物，而且對買賣標的物尚無法使用、收益（尚無經濟上之利益），但卻須負擔買賣價金之危險，故為經濟上利益與經濟上危險一致原則（即損益兼歸原則）之例外。出賣人將買賣標的物交付於為運送之人、承攬運送人後，買賣標的物於運送途中滅失，致使出賣人之給付全部不能者，出賣人尚得請求買受人支付約定之價金，不適用民法第 266 條第 1 項之規定。但買受人關於標的物之送交方法，有特別指示，而出賣人無緊急之原因，違其指示者，對於買受人因此所受之損害，應負賠償責任。例如：買受人指示以車運交，而出賣人無緊急原因，竟以船運，結果遭風險而貨物喪失，即應負責賠償❷❷❹。

㈤出賣人選任運送人、承攬運送人，並將買賣標的物交付於運送人、承攬運送人，訂立運送保險契約，均應盡符合買賣契約之出賣人注意義務。出賣人「因過失」違反此種義務，導致買賣標的物受損或滅失者，構成債務不履行，無關危險負擔。因危險負擔，係以不可歸責於買受人及出賣人雙方之事由，致買賣標的物受損或滅失為前提要件。

㈥代送買賣，如果發生在同一個區域，例如：清償地在臺北市信義路一段，但買受人希望出賣人將買賣標的物送到臺北市信義路五段。此時，出賣人往往請自己之員工運送，而不是請郵局、運送人、運送承攬人從事運送，是否適用民法第 374 條之規定？學說有爭議，有人認為出賣人基於特別的善意行為 (nur aus besonderer Gefälligkeit)，替買受人運送，為出賣人額外之給付行為，僅就運送行為負過失責任，不負無過失責任，即自出賣人交付標的物於員工運送時起，標的物之危險，由買受人負擔，故有民法第 374 條規定之適用❷❷❺。但有人認為，出賣人基於特別善意之行為，係出賣人提供之服務，並非基於買受人之「請求」，故不適用民法第 374 條之規定❷❷❻。換言之，出賣人應負擔買賣標的物之危險，迄至將買賣標的物交付買受人時為止（民法第 373 條）。本書贊成前說，理由是出賣人僅有於清償

❷❷❹ 鄭玉波，《民法債編各論上冊》，第 72 頁。

❷❷❺ Larenz, aaO, S. 103.

❷❷❻ Medicus, *Schuldrecht*, S. 16.

地為清償行為之義務，並無向清償地以外處所交付之義務。出賣人基於買受人之希望 (auf Wunsch des Käufers)，將買賣標的物送交清償地以外之處所，顯然已不是出賣人依買賣契約所負之義務，而是契約外之善意行為。此時，出賣人並無依民法第 373 條負擔危險迄至交付時之義務；蓋民法第 373 條係規定買賣契約之危險分配，而不是規定契約外善意行為之危險分配。其次，基於雙方利益權衡之考量，買受人因出賣人之善意行為而獲得利益，不應再免除其負擔危險之義務(從清償地延伸到清償地以外之處所)；亦不應因出賣人之善意行為，而加重其負擔危險之義務。買受人之希望，與買受人之請求 (auf Verlangen des Käufers)，兩者區別不易，甚至沒有區別之實益。

第六章　特種買賣

第一節　買　回

》》 第一項　買回之意義 《《

所謂買回 (pactum de retroemendo, Wiederkauf, Rückkauf)，係指出賣人於買賣契約保留買回之權利，得於一定期限內，返還其所受領之買賣價金，向買受人表示買回買賣標的而成立買回契約。析述如下：

一、買回契約 (Rückkauf) 為再買賣契約 (Wiederkauf)

出賣人「出賣」買賣標的，成立一個買賣契約，稱為原買賣契約；出賣人「買回」買賣標的，成立另一個買賣契約，稱為再買賣契約。

二、原買賣契約與買回契約，其當事人及標的均相同，但當事人角色互換

(一)當事人

原買賣契約之出賣人→買回契約之買受人，即買回人（買回權利人）。
原買賣契約之買受人→買回契約之出賣人，即相對人（買回義務人）。

(二)標　的

原買賣契約之標的，即為買回契約之標的，兩者相同。買賣標的，可為動產、不動產及其他權利❶。民法第 379 條第 1 項及第 3 項規定「標的

---

❶　最高法院 28 年上字第 996 號判例：「永佃權，在民法上有得為抵押權標的物之明文，而無得為典權標的物之規定，永佃權人就其永佃權設定典權自屬無效。惟當事人之真意，係在基於買賣契約讓與永佃權，而其買賣契約訂明出賣人得

物」，應指客體而言，並非專指有體物❷。

買回之價金，原則上與原買賣價金相同，但當事人另有特約者，從其特約。

三、出賣人於買賣契約保留買回之權利

依民法第 379 條之規定，出賣人保留買回權，應於訂立原買賣契約時為之。出賣人得否於訂立原買賣契約後，與買受人訂立特約，保留買回權？鄭玉波認為，一旦賣出之標的物，如出賣人日後另與原買受人訂立買賣契約，將其買回，雖亦不失為買回，但並非此之所謂買回❸。德國帝國法院 (RG)、聯邦最高法院 (BGH) 及學者通說均認為，出賣人保留買回權，亦得於訂立原買賣契約之後，另以特約為之❹。然而，不論於訂立原買賣契約時或之後，保留買回權，均係要式行為。蓋出賣人保留買回權，將來可能行使買回權，一旦出賣人行使買回權，買受人即負交付標的物之義務（民法第 383 條第 1 項），而出賣人是否行使買回權，單純依出賣人之意思而定，買受人不再有任何影響力，故買受人因賦予出賣人買回權，而間接受到拘束 (mittelbar gebunden)，應特別慎重，故要求使用方式❺。

四、出賣人應於一定期限內，返還所受領之買賣價金，向買受人表示買回

㈠買回之期限

返還其受領之價金，買回永佃權者，雖誤用出典之名稱，亦應認為出賣人於買賣契約保留買回之權利。」因此，判例認為權利買賣，亦可保留買回之權利。

❷ 鄭玉波，《民法債編各論上冊》，第 80 頁。

❸ 鄭玉波，《民法債編各論上冊》，第 80 頁。

❹ Larenz, aaO, S. 148 及註 21 所引之判例、著作。

❺ Larenz, aaO, S. 148f.; 但鄭玉波認為，再買賣既須與原買賣契約同時為之，則有無方式，亦應與原買賣契約相一致，請參照鄭玉波，《民法債編各論上冊》，第 85 頁。

民法第 380 條規定：「買回之期限，不得超過五年。如約定之期限較長者，縮短為五年。」因出賣人向買受人行使之買回權，係形成權❻，故買回權之存續期限，為除斥期間（Ausschlußfrist）❼；買回權僅得於期限內行使，一逾此項期限，買回權即歸消滅（30 年上字第 606 號判例）。上開期限，自約定保留權時起算。

㈡出賣人應返還所受領之買賣價金

出賣人行使買回權，除須向買受人表示買回之意思外，尚須實際提出價金，故買回權之行使，為要物行為❽。出賣人提出之價金，原則上與其受領之價金相同。換言之，原買賣契約與買回契約，其買賣價金原則上相同（民法第 379 條第 1 項），但當事人另有特約者，從其特約（民法第 379 條第 2 項）。蓋貨幣因通貨膨脹而持續貶值，如由出賣人以原價金買回買賣標的，對買受人可能不利，故容許當事人以特約約定買回之價金。

㈢出賣人應向買受人表示買回之意思

買回契約何時成立？說者不一，有認為買回契約須與原買賣契約同時為之，故買回契約與原買賣契約同時成立，但須俟出賣人行使買回權，買回契約始能生效❾。有認為原買賣契約賦予出賣人買回權，故出賣人之買

---

❻　鄭玉波，《民法債編各論上冊》，第 84 頁；Larenz, aaO, S. 147; Medicus, *Schuldrecht*, S. 81.; Koziol/Welser, *Bürgerliches Recht, Band II*, 12 Auflage, Wien, 2001, S.159.

❼　德國舊民法第 503 條，德國新民法第 462 條。

❽　鄭玉波，《民法債編各論上冊》，第 86 頁；最高法院 79 年臺上字第 2231 號判例：「買回契約效力之發生，以出賣人即買回人於買回期限內，提出買回價金，向買受人表示買回為要件，此觀民法第 379 條第 1 項之規定自明。上訴人僅於買回期限內，向被上訴人表示買回其原出賣之系爭不動產，並未將約定之買賣價金提出，則買回契約尚未發生效力。」

❾　鄭玉波，《民法債編各論上冊》，第 85 頁；德國帝國法院 (RG)、聯邦最高法院 (BGH) 及部分學者，亦採此種見解。

回權係以原買賣契約為基礎；出賣人之買回權是形成權，祇要出賣人單方之意思表示，即足以使事先預定內容之買回關係成立；即因出賣人行使買回權，而使買回契約成立。因此，買回關係是原買賣契約之間接效果(mittelbare Folge dieses Vertrages)❿。因買回契約之內容，於原買賣契約內已經決定了，故第二說主張買回契約於出賣人行使買回權時始成立，而批評第一說買回契約於訂立原買賣契約時成立之主張，似乎不夠強而有力⓫。無論如何，出賣人應向買受人表示買回之意思，買回契約始能生效，而此買回之表示，係不要式行為。

》》 第二項　買回之性質 《《

一、國內著作，將買回之性質，分成二種類型，即其一，法國民法認為，買回為買賣契約之一種解除條件；日本民法認為，買回係約定保留解除權，一經出賣人行使買回權，則買賣契約解除，而雙方應回復原狀。其二，德國民法認為，買回係再買賣，為原買賣契約外之另一個契約⓬。

事實上，羅馬法已有買賣契約附「解除條款」及「再買賣特約」之區別；買賣契約附解除條款，可分三種，即其一，in diem addictio，出賣人與買受人約定，出賣人在一定期限內，找到較好的買主（通常係指出價較高之買主），則買賣契約解除；其二，lex commissoria，出賣人與買受人約定，買受人若未及時支付買賣價金或賒欠之價金，則買賣契約解除；其三，Pactum displicentiae，買受人與出賣人約定，買受人在一定期限內，不喜歡買賣標的，則買賣契約解除，換言之，買受人在一定期限內，得試用買賣標的，故後來發展為試驗買賣(Kauf auf Probe)⓭。

---

❿　Larenz, aaO, S. 147f.; Larenz 並未指明「原買賣契約」，但依德國舊民法第 497 條第 1 項，即新法第 456 條第 1 項之規定，出賣人係於買賣契約內保留買回權……。

⓫　Medicus, *Schuldrecht*, S. 81.

⓬　鄭玉波，《民法債編各論上冊》，第 81 頁以下。

二、出賣人需錢孔急，不得不出售買賣標的，但又捨不得忍痛割愛，希望他日有錢時能買回，故於買賣契約保留買回之權利。買回制度，可分二種情形，即出賣人日後買回，及出賣人日後不買回。出賣人日後不買回，則為純粹的買賣關係，出賣人取得所需之金錢，而買受人取得買賣標的。反之，出賣人日後買回，則相當於出賣人向買受人周轉資金，即出賣人與買受人訂立買賣契約，將買賣標的移轉於買受人，而取得周轉之資金，有如讓與擔保，故買回制度具有信用擔保之功能，對於資金之融通，頗有裨益。惟買回制度仍與讓與擔保不同，試說明如下：

㈠所謂讓與擔保係指債務人將物之所有權移轉於債權人，以擔保其債務。讓與擔保，係依信託方式為之，即債務人之目的在於擔保債務，但卻以移轉物之所有權之方式為之。換言之，債務人（信託人）移轉物之所有權於債權人（受託人），超過其經濟目的（擔保債務）。就外部關係而言，債權人為物之名義上所有權人，若債權人將物之所有權移轉於第三人，其移轉行為，仍然完全有效，第三人取得該物之所有權，債務人對於第三人不得為基於所有權之主張。就內部關係而言，債權人僅於擔保債務之範圍內，得對擔保物行使權利，如逾越範圍，移轉所有權於第三人，對債務人應負違約責任❶。反之，出賣人與買受人訂立買賣契約，並因履行買賣契約，而將買賣標的物之所有權移轉於買受人，買受人即為該物之所有權人（並非祇是名義上之所有權人）。買受人將該物之所有權移轉於第三人，係有權處分，但若出賣人行使買回權，則買受人有向第三人取回該物所有權

❸ 黃茂榮教授認為，買回權之行使與解除權之行使類似，但仍不相同，敬請參照氏著，前揭書，第 849 頁；此外請參照 Kaser, aaO, S. 175; Hausmaninger/Selb, aaO, S. 299f.

❹ 最高法院 66 年臺再第 42 號判例：「……所謂信託行為，係指委託人授與受託人超過經濟目的之權利，而僅許可其於經濟目的範圍內行使權利之法律行為而言，就外部關係言，受託人固有行使超過委託人所授與之權利，就委託人與受託人之內部關係言，受託人仍應受委託人所授與權利範圍之限制……」（因信託法已公布施行，故本則判例已不再援用）鄭玉波，《民法債編各論上冊》，第 92 頁。

之義務。買受人若無法取回該物之所有權，則應對出賣人負損害賠償之責任。蓋買受人既然賦予出賣人買回權，則買受人應考慮出賣人有一天會行使買回權；因此，在出賣人行使買回權之前，買受人應謹慎細心照料買賣標的物，使其在出賣人行使買回權時，得返還於出賣人。若因可歸責於買受人之事由，致買賣標的物受損、滅失或有重大變更，致無法返還該物於出賣人時，對出賣人應負損害賠償責任**⓯**。

㈡讓與擔保以債務人負有債務為前提要件；反之，出賣人並不因保留買回權，而對買受人負有債務。

㈢讓與擔保之債務人，既負有債務，即有清償債務之義務；反之，出賣人有買回之權利，卻無買回之義務。

㈣讓與擔保無期限之限制；反之，買回有期限之限制，不得超過五年（民法第 380 條）**⓰**。

➤➤ 第三項　買回之成立 ◀◀

一、買回契約原則上與原買賣契約，在當事人及買賣標的方面均相同，但當事人角色互換，而買回之價金，另有特約者，從其特約。

二、買回契約，使出賣人取得買回權；使買受人在出賣人行使買回權時，負返還買賣標的之義務，故應由出賣人與買受人達成合意。蓋基於私法自治契約自由原則，課當事人私法上之義務，應以契約之方式為之，不得以單獨行為為之**⓱**。

三、買回契約原則上與原買賣契約同時成立，亦得嗣後另以特約訂定。買回契約，影響重大，應格外慎重，故為要式行為。

四、買回契約係附停止條件之法律行為，即以出賣人行使買回權始生效力；此外，買回契約也是要物契約，以出賣人提出價金為生效要件。

⓯　Larenz, aaO, S. 149.

⓰　鄭玉波，《民法債編各論上冊》，第 92 頁。

⓱　Larenz, aaO, S. 147.

五、買賣標的物，如為不動產時，出賣人得依土地法第 79 條之 1 聲請預告登記。蓋出賣人如行使買回權，則得請求買受人返還買賣標的物之所有權。出賣人之請求權，係附停止條件之請求權，為保全出賣人將來之請求權，應讓出賣人得在土地登記簿上為預告登記 (Vormerkung)，防止買受人處分該不動產❶❽。

》》 第四項　買回之效力 《《

買回契約應優先適用民法第 379 條至第 383 條之規定；此外，買回契約基本上仍為買賣契約，在與上開規定不牴觸之範圍內，得適用一般買賣及債總、民總之規定。茲分述如下：

一、買回人（原出賣人）之義務

買回人即原買賣契約之出賣人，其義務如下：

㈠返還價金之義務

買回人是否負返還價金之義務，學說見解不一，有肯定說、否定說及折衷說三種。

1.肯定說

肯定說認為，買回權之行使，為要物行為；買回人提出價金，不但是買回權之行使要件，也是買回人之義務❶❾。黃茂榮教授雖然主張，買回人有返還其所受領價金之義務，但不認為買回權之行使為要物行為❷⓿。

2.否定說

否定說認為，買回權之行使，為要物行為；買回人提出買回價金，係

---

❶❽　Larenz, aaO, S. 150.

❶❾　鄭玉波，《民法債編各論上冊》，第 86 頁、第 87 頁；邱聰智，前揭書，第 1 頁 80 頁、第 183 頁。

❷⓿　黃茂榮，前揭書，第 852 頁以下。

買回契約之成立（或生效）要件**❷**。在買回契約成立（或生效）前，買回人既已提出買回價金，則於買回契約成立（或生效）後，即無再提出買回價金之義務。故返還價金，並非買回人之義務**❷**。

3.折衷說

折衷說認為，支付價金，係買受人之主要給付義務；而買回人在買回契約係買受人，故我國學者通說認為買回人有支付價金之義務。但買回權之行使，為要物行為；價金之提出，為買回契約之生效要件，並非因買回契約生效後產生之給付義務，故難謂買回人有價金支付之義務。為解決這種矛盾，折衷說認為，宜將價金之提出，解釋為具有雙重作用，即一方面為行使買回權之方法，另一方面為同時履行價金債務，類如現實買賣**❸**。

4.本書見解

民法第 379 條第 1 項規定：「出賣人於買賣契約保留買回之權利者，得返還其所受領之價金，而買回其標的物。」顯然認為買回權之行使，為要物行為，以買回人提出買回價金，作為買回契約之生效要件。換言之，買回人提出買回價金，買回契約始生效。因此，買回人提出買回價金，並非履行買回契約生效後所產生之義務，即買回契約有效成立後，買回人不再有支付買回價金之義務。否則，買回人是否必須支付二次買回價金？其次，買回契約之買受人及出賣人，並無標的物與價金即時對交之義務，事實上未必「一手交錢，一手交貨」，故以現實買賣比喻買回契約，恐非妥適。德國舊民法第 497 條第 1 項，即德國新民法第 456 條第 1 項規定，買回契約係不要物契約，使買回契約之買受人及出賣人均保有同時履行抗辯權，雖

---

❷ 鄭玉波，《民法總則》，民國 62 年 9 月八版，第 215 頁；最高法院 79 年臺上字第 2231 號判例：「買回契約效力之發生，以出賣人即買回人於買回期限內，提出買回價金，向買受人表示買回為要件，此觀民法第 379 條第 1 項之規定自明。上訴人僅於買回期限內，向被上訴人表示買回其原出賣之系爭不動產，並未將約定之買回價金提出，則買回契約尚未發生效力。」

❷ 林誠二，前揭書，第 180 頁。

❷ 劉春堂，前揭書，第 123 頁。

與我國民法第 379 條第 1 項不同，但誠值參考。

買回人返還價金時，應否支付利息？依民法第 379 條第 3 項之規定，原價金之利息，與買受人就標的物所得之利益，視為互相抵銷。因此，買回人毋須支付利息，而買回契約之出賣人亦毋須返還標的物之利益，是為法定之抵銷。

(二)償還費用之義務

買回人償還費用之義務，規定於民法第 381 條及第 382 條，分述如下：

1.民法第 381 條

民法第 381 條第 1 項規定：「買賣費用由買受人支出者，買回人應與買回價金連同償還之。」買賣費用由買受人支出者，係指原買賣契約之費用，如民法第 378 條第 1 款買受人分擔部分之買賣契約費用，民法第 378 條第 3 款受領標的物之費用、登記之費用及送交清償地以外處所之費用，買受人支出者，買回人應償還之。

民法第 381 條第 2 項規定：「買回之費用，由買回人負擔。」買回係為買回人之利益，買回人既享有買回之利益，即應負擔買回之費用。

2.民法第 382 條

民法第 382 條規定：「買受人為改良標的物所支出之費用及其他有益費用，而增加價值者，買回人應償還之。但以現存之增價額為限。」法律僅規定有益費用，並未規定必要費用；因此，產生一個問題，即買受人為標的物支出之必要費用，而增加價值者，買回人是否有償還之義務？否定說認為，必要費用不在償還之列，理由是買受人支出必要費用，通常係為避免發生民法第 383 條第 2 項所規定之損害賠償責任，而且僅在維持標的物之原狀，一般而言，並無現存之增價額❷。肯定說認為，買回人應否償還，重點在標的物是否因而增加價值，而不在有益費用或必要費用；故買受人支付必要費用，因而增加標的物之價值者，在現存之增價額範圍內，買回

---

❷ 鄭玉波，《民法債編各論上冊》，第 88 頁；邱聰智，前揭書，第 184 頁；劉春堂，前揭書，第 124 頁。

人亦應償還之❷。本書贊成肯定說之見解，理由在於，買受人支出必要費用，因而增加標的物之價值，在現存之增價額範圍內，買回人應償還之，否則，即屬不當得利。否定說認為，必要費用僅在維持標的物之原狀，一般而言，並無現存之增價額。但否定說之見解，亦不否認必要費用有現存增價額之可能；此時，否定買回人之償還義務，缺乏法理上之根據。

二、買回相對人（原買受人）之義務

㈠交付標的物及其附屬物之義務

民法第 383 條第 1 項規定：「買受人對於買回人負交付標的物及其附屬物之義務。」所謂標的物，係指原買賣契約之標的物；所謂附屬物，係指民法第 68 條所規定之從物。法律雖僅規定「交付」，但解釋上應包括「移轉所有權」在內❷。至於從物，不論為買受人原所受領者，抑或買受人後來添置者，買受人均負交付之義務。蓋買受人添置從物之支出，屬於有益費用，買回人依民法第 382 條有償還之義務，故買受人依民法第 383 條第 1 項亦有交付附屬物之義務，而且兩者應有同時履行抗辯之關係❷。

㈡損害賠償之義務

民法第 383 條第 2 項規定：「買受人因可歸責於自己之事由，致不能交付標的物，或標的物顯有變更者，應賠償因此所生之損害。」因此，因可歸責於買受人之事由，致標的物受損，不能交付標的物；或標的物顯有變更，係買受人所引起者，買受人對於買回人應賠償因此所生之損害。蓋買受人賦予出賣人買回權，即應考量出賣人可能行使買回權，因此負有謹慎細心照顧標的物之義務，不得逾越正常使用範圍，致標的物受損，不能返還標的物。換言之，不得顯著變更標的物。買受人若處分標的物，例如為第三

---

❷　黃立／楊芳賢，前揭書，第 176 頁以下。

❷　Larenz, aaO, S. 149.

❷　邱聰智，前揭書，第 185 頁；劉春堂，前揭書，第 124 頁。

人設定抵押權或質權，則買受人有排除第三人權利之義務；假設買受人不能排除第三人之權利，則買受人對買回人應負損害賠償之義務❷❽。

三、權利瑕疵及物之瑕疵

買回人對買回相對人得否主張權利瑕疵及物之瑕疵？對此問題，有否定說、肯定說及折衷說三種不同見解，分述如下：

㈠否定說

權利瑕疵及物之瑕疵兩種責任，均以買受人（在此為買回人）不知有瑕疵為前提（民法第 351 條及第 355 條），於此買回人為原出賣人，標的原為其自己所有，有無瑕疵，自較其相對人知之尤稔，焉有主張不自知其物有瑕疵，而反請其相對人負瑕疵擔保責任之理？故斯項規定於此不能適用也❷❾。

㈡肯定說

標的物之相關瑕疵，如係原出賣人交付原買受人後所發生者，是否仍無瑕疵擔保之適用，不無商榷餘地，故解釋上宜採肯定說為是❸⓿。

㈢折衷說

就權利瑕疵擔保責任而言，採否定說；就物之瑕疵擔保責任而言，採肯定說，蓋因標的物本身之瑕疵，可能於買回人（原出賣人）交付標的物於買受人後始發生❸❶。

---

❷❽　Larenz, aaO, S. 149.

❷❾　鄭玉波，《民法債編各論上冊》，第 89 頁。

❸⓿　邱聰智，前揭書，第 187 頁；林誠二，前揭書，第 181 頁。

❸❶　劉春堂，前揭書，第 125 頁。

㈣**本書見解**

本書採肯定説，理由在於，物之瑕疵，固然可能於買回人（原出賣人）交付標的物於買受人後始發生，而權利瑕疵亦可能於買回人（原出賣人）交付標的物於買受人後始發生。例如：甲將房屋賣給乙，附買回條款。乙取得房屋後，將房屋出租給丙使用。在甲行使買回權時，丙之租賃期限尚未屆滿，故乙將房屋所有權返還移轉於甲時，丙得以其租賃權對抗甲（民法第 425 條第 1 項），故甲無法取得不受干擾之所有權，換言之，乙對甲應負權利瑕疵責任。買受人正常使用買賣標的物，致買賣標的物產生些微磨損，而非有顯著變更 (nur unwesentlich verändert)，或不可歸責於買受人之事由，致買賣標的物受損 (verschlechtert)，則買回人不得請求買受人減少買賣價金（德國民法第 457 條第 2 項第二句，德國舊民法第 498 條第 2 項第二句），亦不得請求其他瑕疵擔保❸②。否則，買受人因賦予出賣人買回權，致對買賣標的物不能為正常之使用、收益，絕非買回制度之本旨。

四、危險負擔及利益承受

買回契約生效後，買回標的物交付前，買回標的物所發生之利益或危險，應由何人承受負擔？國內學者通說認為得適用民法第 373 條以下之規定，即由買受人承受負擔；但如前述，因不可歸責於買受人之事由，致買賣標的物受損，買回人不得請求買受人減少買賣價金，故危險由買回人負擔。基於誠信原則，買受人應讓買回人事先檢驗買賣標的物，以決定是否行使買回權❸③。

---

❸② 黃立／楊芳賢，前揭書，第 177 頁。

❸③ 黃立／楊芳賢，前揭書，第 177 頁。

第二節 試驗買賣

》》 第一項 法律用語之確認 《《

　　民法第384條規定:「試驗買賣,為以買受人之承認標的物為停止條件,而訂立之契約。」買賣契約以買受人承認標的物為停止條件,則買賣契約是否發生效力,繫於買受人主觀上是否承認標的物,而非繫於標的物試驗之客觀結果。故買受人與出賣人就買賣價金、買賣契約之其他細節均達成合意,而且出賣人也受合意之拘束,但買受人保留最後之決定權時,決定買賣契約是否發生效力者,不是買賣標的物在客觀上檢驗之結果,而是買受人主觀上自由決定之意思;縱使買賣標的物試驗之結果,在客觀上完全符合買受人之需求,但買受人仍然可以拒絕承認,使買賣契約不發生效力,此種買賣契約應稱為「由買受人自由決定之買賣」(Kauf auf Belieben des Käufers);法律用語稱「試驗買賣」(Kauf auf Probe oder Besicht),易使人誤解為,買賣契約之效力,繫於買賣標的物試驗後所確定之客觀結果,而不是買受人主觀上之自由決定,故不很妥適❸❹。

　　有一種檢驗買賣制度 (Prüfungskauf, Erprobungskauf),為法律所未規定,其生效與否,並非繫於買受人之自由決定,而是繫於客觀檢驗之結果。檢驗結果,應顯示買賣標的物是否適合買受人之特殊需求;如果答案是肯定的,那麼買賣契約有效成立,買受人即應受拘束;反之,買受人則不受拘束。如果出賣人將買賣標的物交付於買受人,使買受人得以進行檢驗,則買受人應於相當期限內從事檢驗,並將檢驗結果通知出賣人。買受人若於相當期限內未將檢驗結果通知出賣人,則類推適用民法第387條第1項之規定,買受人於約定期限或出賣人所定之相當期限內不為拒絕之表示者,

---

❸❹　Larenz, aaO, S. 143.

視為承認❸。

於買受人保留調換權之買賣 (Kauf mit Umtauschberechtigung des Käufers)，於買賣契約訂立時，對雙方當事人立即具有拘束力，但買受人保留調換權，得嗣後請求調換價值相當之他物，取代原訂之買賣標的物。假設買受人已受領買賣標的物，則於行使調換權時，應返還完全未受到損害、未曾使用過之原標的物。原買賣標的物，於交付買受人後，因不可歸責於雙方當事人之事由，致受損或滅失時，危險歸買受人負擔（民法第 373 條），買受人不得再主張調換權。買受人之調換權，係形成權 (Gestaltungsrecht)❸，僅能於一定期限內為之，而且僅能請求出賣人店內之商品，若有價差，須補貼差額（調換價格較高之物），但不得請求退還差額（調換價格較低之物）❸。

》》 第二項　試驗買賣之意義 《《

一、試驗買賣契約，係以買受人承認標的物為停止條件；在買受人承認標的物前，買賣契約尚未發生效力；為使買賣契約之效力儘早確定，故買受人應於一定期限內表示是否承認標的物。在買受人做最後決定前，出賣人通常將買賣標的物交付於買受人，使買受人得以試驗（檢查 untersuchen）買賣標的物，或就近觀察買賣標的物，故民法第 385 條規定：「試驗買賣之出賣人，有許買受人試驗其標的物之義務。」但買受人承認或拒絕，與試驗並無必然關係；縱使未經試驗，或試驗之結果，在客觀上完全符合買受人之需求，買受人亦得拒絕承認；當然，若未經試驗，或試驗之結果，在客觀上不符合買受人之需求，而買受人卻願承認標的物，亦無不可。

---

❸ Larenz, aaO, S. 146.

❸ Larenz, aaO, S. 146.

❸ 鄭玉波，《民法債編各論上冊》，第 98 頁；邱聰智，前揭書，第 194 頁；劉春堂，前揭書，第 136 頁。

二、所謂承認 (die Billigung)，係指同意而言，即認為標的物適當而接受之意思。承認之表示 (die Billigungserklärung)，非僅為意見之表達或觀念之通知，而是使契約生效之意思表示 ❸，故買受人為承認之表示時，須有完全行為能力。承認之表示，得以明示或默示之方法為之；除此之外，民法尚有擬制之規定，如下：

㈠標的物因試驗已交付於買受人，而買受人不交還其物，或於約定期限或出賣人所定之相當期限內不為拒絕之表示者，視為承認(民法第 387 條第 1 項)。蓋標的物已交付於買受人，買受人如不承認，應交還其物，或於約定期限或出賣人所定之相當期限內，為拒絕之表示；否則，法律即擬制買受人已承認。

㈡買受人已支付價金之全部或一部，或就標的物為非試驗所必要之行為者，視為承認 (民法第 387 條第 2 項)。蓋買受人如果不願讓買賣契約生效，則買受人應不會支付價金之全部或一部，亦不會就標的物為非試驗所必要之行為 (如轉賣或出租)；反之，買受人已支付價金之全部或一部，或就標的物為非試驗所必要之行為者，法律即擬制為買受人已承認。

買受人承認或法律擬制承認，均使買賣契約所附停止條件成就，則買賣契約係自條件成就時發生效力？抑或溯及於試驗買賣成立時發生效力？此為個案契約解釋之問題，但通說大多認為得溯及於試驗買賣成立時發生效力 ❹。

三、試驗買賣係以買受人承認標的物為停止條件，故買受人「不」承認標的物，買賣契約不發生效力；買受人「未」承認標的物，買賣契約尚

---

❸　同說有黃茂榮，前揭書，第 876 頁；黃立／陳洸岳，前揭書，第 179 頁；Larenz, aaO, S. 144; Medicus, *Schuldrecht*, S. 83; 不同意見，鄭玉波，《民法債編各論上冊》，第 94 頁；邱聰智，前揭書，第 195 頁；劉春堂，前揭書，第 129 頁，認為承認是觀念通知。

❹　鄭玉波，《民法債編各論上冊》，第 95 頁；Larenz, aaO, S. 145. 黃立／陳洸岳認為，承認除包含對標的物表示同意外，亦包含對契約之效力的意思決定，具有使權利發生變動之特質，具有形成權之性質，故使溯及締約時生效，見氏著，前揭書，第 179 頁。

未發生效力。但買賣契約之效力，不宜久懸不定，故民法第386條規定：「標的物經試驗而未交付者，買受人於約定期限內，未就標的物為承認之表示，視為拒絕，其無約定期限，而於出賣人所定之相當期限內，未為承認之表示者，亦同。」

》》 第三項　試驗買賣之危險負擔 《《

一般附停止條件之買賣，如果條件嗣後成就，買賣標的物之危險，自交付時起，由買受人負擔（民法第373條），買受人不得拒絕支付買賣價金。然而，試驗買賣雖亦為附停止條件之買賣契約，但縱使於危險發生後，買受人仍得拒絕承認標的物，使條件不成就，因而不須負支付買賣價金之義務，故試驗買賣並無危險移轉之問題❹。

》》 第四項　試驗買賣之瑕疵責任 《《

一般附停止條件之買賣，如果條件嗣後成就，物之出賣人，對於買受人應擔保其物依第373條之規定危險移轉於買受人時，無滅失或減少其價值之瑕疵，亦無滅失或減少其通常效用，或契約預定效用之瑕疵（民法第354條第1項前段）。因此，物之出賣人，對於買賣標的物於危險移轉時所存在之瑕疵，應負物之瑕疵責任。然而，試驗買賣雖亦為附停止條件之買賣契約，但縱使於危險移轉後，因不可歸責於雙方當事人之事由發生物之

❹ Larenz, aaO, S. 144; 黃茂榮認為：「在試驗買賣，出賣人縱為試驗買賣而將標的物交付於買受人，買賣標的物之利益及危險仍直到買受人承認標的物時，方始移轉於買受人。」請參照氏著，前揭書，第877頁；鄭玉波則認為：「在試驗期間，危險既已發生，而買受人仍承認者，實際上難以有之。」請參照氏著，《民法債編各論上冊》，第96頁以下；黃立／陳洸岳則認為買受人不交還或未於一定期限內承認者（疑為「拒絕」之表示者之誤寫），發生視為承認之法律效果云云，請參照氏著，前揭書，第182頁；後者之主張，理論上或許可能，但實際上難以有之。

瑕疵，買受人仍得拒絕承認標的物，使條件不成就，因而買賣契約不生效力，出賣人不必負物之瑕疵責任。反之，因承認具有推定買受人知悉標的物之品質狀態，並認其符合契約本旨的意義❹，故買受人承認標的物後，仍主張物之瑕疵時，應使其就非「明知瑕疵」及非「因重大過失而不知瑕疵」負舉證責任（買受人知有瑕疵或因重大過失而不知，為出賣人之免責要件，本應先由出賣人舉證，於此則由買受人反證）❷。

第三節　貨樣買賣

▶▶ 第一項　貨樣買賣之意義 ◀◀

　　在商場上，經常發生下列例子：甲向乙購買一件商品（例如羽毛衣）時，向乙表示，買這件羽毛衣之目的，在於測試羽毛衣之品質，如果適當，將大量採購相同種類之羽毛衣，這種買賣，我們稱「為測試目的所為之買賣」(Ein Kauf zur Probe)。甲嗣後可以向乙採購相同種類之羽毛衣，甲也可以不再採購，甲有自由決定是否繼續採購之權。假設甲日後再向乙採購羽毛衣，並且表示應與上次購買之羽毛衣具有相同品質。乙同意甲之請求，則這次買賣即為貨樣買賣 (Ein Kauf nach Probe oder Muster)，依貨樣而定標的物之一種買賣契約❸。

　　貨樣買賣，既以貨樣 (Probe oder Muster) 決定標的物，藉以確保標的物之種類及品質，則買賣契約應以此為內容，使其構成契約之一部分。於買賣契約成立前，提示貨樣，作為要約引誘者，雖尚不成立貨樣買賣，但通

---

❹　黃茂榮，前揭書，第 877 頁。

❷　鄭玉波，《民法債編各論上冊》，第 97 頁；黃立／陳洸岳，前揭書，第 182 頁。

❸　鄭玉波，《民法債編各論上冊》，第 99 頁；Larenz, aaO, S. 143 ; Medicus, *Schuldrecht*, S. 82f.

常即推定為貨樣買賣❹。

》》 第二項　貨樣買賣之效力 《《

按照貨樣約定買賣者，視為出賣人擔保其交付之標的物與貨樣有同一品質（民法第 388 條）。於貨樣買賣，縱使出賣人並未保證品質，法律亦擬制其有保證品質之法律效果。故出賣人交付之標的物，不具有與貨樣相同之品質時，即屬缺少出賣人所保證之品質，買受人得解除契約或請求減少價金（民法第 359 條）或請求不履行之損害賠償（民法第 360 條），如為種類物買賣，尚得請求另行交付符合貨樣品質之物（民法第 364 條第 1 項）。

第四節　分期付價買賣

》》 第一項　分期付價買賣之意義 《《

所謂分期付價買賣 (Abzahlungskauf, Ratenkauf)，係指買受人於付清買賣價金之前，即已經取得買賣標的物，通常於訂立買賣契約時僅支付頭期款 (Anzahlung)，其餘之買賣價金則約定分期（至少二期）支付之買賣契約。企業促銷，刺激消費，使消費者於訂立買賣契約時，僅支付頭期款，即得占有、使用及收益買賣標的物（如轎車、電腦、電視），提升消費大眾之生活水準；因其餘買賣價金分期支付，故消費者之負擔不致過重，所以分期付價買賣制度有促進生產、繁榮社會之功能。此外，經銷商與製造商之間，製造商與原料供應商之間，亦得訂立分期付價買賣契約；甚至不動產買賣，亦得以分期付價方式為之❺。

---

❹　鄭玉波，《民法債編各論上冊》，第 99 頁。

❺　鄭玉波，《民法債編各論上冊》，第 102 頁；Medicus, *Schuldrecht*, S. 64.

>>> 第二項　分期付價買賣之問題 <<<

　　出賣人僅收取頭期款，即將買賣標的物交付於買受人，故有給與買受人信用之意思，所以分期付價買賣為信用買賣之一種。買受人如果按期支付買賣價金，固無問題；問題出在，分期付價往往持續數年之久，如果經濟景氣變差，買受人收入減少，甚至失業；或買受人生病，無法工作，以至於無法按期支付買賣價金時，出賣人即有收不到買賣價金之風險。因此，出賣人在訂立分期付價買賣契約時，即應事先考慮這些風險。一般而言，出賣人因分期付價，而交付買賣標的物於買受人時，均會於讓與合意附停止條件，即買受人付清買賣價金，買賣標的物之所有權始移轉於買受人。換言之，於買受人付清買賣價金前，出賣人仍保留買賣標的物之所有權。假設買受人支付買賣價金遲延，則出賣人得解除買賣契約（民法第 254 條），並根據所有權請求買受人返還買賣標的物（民法第 767 條）。然而，出賣人請求返還之買賣標的物，往往因買受人使用過而價值大幅降低，故出賣人於訂立分期付價買賣契約時，大多考慮到解約後之狀況，希望不因解約而受損，甚至尚能保有訂立契約所希望獲得之利潤；因此，分期付價買賣契約之條件，往往對買受人十分不利。買受人可能因一時無法支付買賣價金，而喪失買賣標的物、已支付之買賣價金，甚至還負債，這對收入微薄、無社會經驗之弱勢族群，尤其危險❹。因此，民法制定強行規定，限制契約自由原則，藉以保護買受人，例如：分期付價之買賣，如約定買受人有遲延時，出賣人即得請求支付全部價金者，除買受人遲付之價額已達全部價金五分之一外，出賣人仍不得請求支付全部價金（民法第 389 條）；分期付

---

❹　德國於 1990 年 12 月 17 日制定消費者信用法 (Verbraucherkreditgesetz) 規定分期付價買賣為要式行為，應向買受人說明，買受人因分期付價買賣而額外支出之費用，即分期付價買賣損害您的錢包 (Abzahlungskäufe schaden ihrem Geldbeutel.)；並且在出賣人告知買受人享有撤回權後一個星期內，買受人得以書面撤回分期付價買賣契約。

價之買賣，如約定出賣人於解除契約時，得扣留其所受領價金者，其扣留之數額，不得超過標的物使用之代價及標的物受有損害時之賠償額（民法第 390 條）。

第五節　　　　　　　拍　賣

》》 第一項　拍賣之意義 《《

一、民法第 391 條以下所規定之拍賣，係指出賣人基於個人自由意思而為拍賣 ❹，多數應買人公開競價，而由出賣人擇其出價最高者，與之訂立買賣契約。例如：畫廊拍賣名畫、市場攤販拍賣玩具。此之拍賣，不但須有多數應買人，而且各應買人之出價，係公開為之，每一應買人之出價，他應買人均得知之。反之，強制執行法所規定之拍賣，係指執行名義人（通常為債權人）依執行名義聲請強制執行時，法院應依強制執行法所定之程序進行拍賣。強制執行法所規定之拍賣，尤其是不動產拍賣，經常以非公開應買之標賣方式為之，故與此處之拍賣不同 ❹。

---

❹ 民法第 391 條以下所規定之拍賣，由出賣人自己拍賣者，則拍賣人即為出賣人自己；如由出賣人委託他人拍賣者，則拍賣人為出賣人之代理人，並非出賣人本身。請參照鄭玉波，《民法債編各論上冊》，第 111 頁。

❹ 最高法院 32 年永上字第 378 號判例：「拍賣與標賣，雖皆為使競買人各自提出條件，擇其最有利者而出賣之方法。惟拍賣時，各應買人均得知悉他人之條件而有再行提出條件之機會，標賣時，各投標人均不知悉他人之條件而無再行提出條件之機會，此為其不同之點。拍賣之表示為要約之引誘，而非要約，民法第 391 條以下定有明文，而標賣之表示，究為要約之引誘抑為要約，法律既無明文規定，自應解釋標賣人之意思定之。依普通情形而論，標賣人無以之為要約之意思，應解為要約之引誘，且投標非見他投標人之條件而為之，雖有出價較高之投標，而其他之投標亦不失其拘束力，故開標後標賣人或不與全體投標

二、拍賣人除拍賣之委任人有反對之意思表示外，得將拍賣物拍歸出價最高之應買人（民法第 393 條）。多數應買人公開競價，誰出價最高，拍賣人得與其訂立買賣契約，但拍賣人不一定要與出價最高之人訂立買賣契約，拍賣人亦得拒絕承諾，使買賣契約不成立（民法第 394 條）。如何產生最高價，方法有二，其一，多數應買人競價，至無人再出價時，即以最後所出之價格為最高價。例如：拍賣李梅樹之名畫，甲出一百萬元，乙出一百十萬元，甲再出一百二十萬元，乙再出一百三十萬元，無人再追加價碼，則乙即以一百三十萬元成為出價最高者；其二，由拍賣人先行要價，無人應買時，依次減價，直至有人願買時，即以該價格為最高價。例如：拍賣李梅樹之名畫，拍賣人先喊價二百萬元，無人表示願買，再喊一百九十萬元，仍無人表示願買，則再減為一百八十萬元，始有人願買，則一百八十萬元即為最高價。上述二種方法，以第一種方法較常見 ❹，第二種方法偶而有之。拍賣既係由多數應買人公開競價，即非個別議價，故拍賣並非一般之自由買賣。

▶▶ 第二項　拍賣之成立 ◀◀

拍賣，可分三個階段，即拍賣人為拍賣之表示、應買人為應買之表示及拍賣人為賣定之表示，依序說明如下：

人訂約，或竟與出價較低之投標人訂約，均無不可。但標賣之表示明示與出價最高之投標人訂約者，除別有保留外，則應視為要約，出價最高之投標即為承諾，買賣契約因之成立，標賣人自負有出賣人之義務。」

❹ 民法第 395 條規定：「應買人所為應買之表示，自有出價較高之應買或拍賣物經撤回時，失其拘束力。」因此，我國民法第 391 條以下所定之拍賣，係由應買人競價，乃採第一種方法，請參照鄭玉波，《民法債編各論上冊》，第 110 頁；但邱聰智認為，解釋民法規定，宜認為二者均為拍賣方法，甚至應認為二者可以合併運用，請參照氏著，前揭書，第 209 頁。

一、拍賣人為拍賣之表示

拍賣人陳示其物，說明拍賣之規則或底價，為拍賣之表示，僅為要約引誘，於法律上並無拘束力，故拍賣人並不受拘束。應買人嗣後為應買之表示（出價），始為要約；而拍賣人之賣定表示，才為承諾。因此，拍賣人對於應買人所出最高之價，認為不足者，得不為賣定之表示，而撤回其物（民法第 394 條）❺。但拍賣人表示出賣於出價最高之人者，此時拍賣之表示，應解為要約，無民法第 394 條之適用❺。所謂撤回其物，係指撤回拍賣其物之表示，使要約引誘失其存在而言。

二、應買人為應買之表示

拍賣人為拍賣之表示後，應買人競相出價為應買之表示，此即為要約。契約之要約人，因要約而受拘束（民法第 154 條第 1 項），故應買人應受其所出價額之拘束。此時，拍賣人若拍板為賣定之表示，拍賣契約即告成立（民法第 391 條），應買人即成為拍賣之買受人，應以現金支付買價（民法第 396 條）。市場上攤販，常以小禮物，換取應買人出價，此時，應買人須謹慎為之。否則，如果沒有其他應買人出更高之價格，而拍賣人卻拍板為賣定之表示，則買賣契約因要約、承諾而成立，應買人即不得不買。

因拍賣係由多數應買人公開競價，而出賣人擇其出價最高者，與之訂立買賣契約，故拍賣為對話之意思表示。拍賣人對於應買人所為之應買表示，應立即承諾；否則，應買之表示失其拘束力（民法第 156 條）。但拍賣人期待應買人為較高之出價，常未能立即為賣定之表示，假設因此而使應買之表示失其拘束力，則拍賣程序無法順暢進行，故民法第 395 條規定：

---

❺ 假設拍賣人為拍賣之表示，非要約引誘，而是要約，則應買人嗣後為應買之表示，即為承諾，契約即告成立，拍賣人無法不為賣定之表示。民法第 394 條規定：「拍賣人對於應買人所出最高之價，認為不足者，得不為賣定之表示。」足證拍賣人為拍賣之表示，為要約引誘，並非要約。

❺ 邱聰智，前揭書，第 214 頁。

「應買人所為應買之表示，自有出價較高之應買或拍賣物經撤回時，失其拘束力。」民法第 395 條之規定，為同法第 156 條之特別規定，故應優先適用民法第 395 條之規定。因此，應買之表示，於下列二種情形下，失其拘束力，其一，有出價較高之應買時，例如甲出價一百萬元後，乙出價一百零五萬元，則甲之應買表示失其拘束力，依此類推。但出價較高之應買表示，須為有效之意思表示始可，否則較低價之應買表示仍不失其拘束力。例如乙之出價，係出於錯誤，並經乙依民法第 88 條第 1 項之規定撤銷者，則甲之出價（應買之表示），即應維持其拘束力。其二，拍賣物經撤回時，例如前例，乙為應買之表示後，雖已無人再出較高之價格，但拍賣人不為賣定之表示，反而撤回其拍賣物，等於拒絕乙應買之表示，故乙應買之表示失其拘束力（民法第 155 條）。應買人為應買之表示後，可否撤回？因應買之表示，係以對話方式為之，故撤回應買之表示，須於相對人瞭解前撤回❷。但因應買之表示，通常為一定之金額，故相對人十分容易瞭解，應買人撤回應買之表示，機會十分渺茫❸。

民法第 392 條規定：「拍賣人對於其所經管之拍賣，不得應買，亦不得使他人為其應買。」拍賣人為出賣人時，拍賣人不得為應買人；否則，出賣人與買受人為同一人，買賣契約無由成立，而且亦無實益。拍賣人為出賣人所委任之代理人時，拍賣人亦不得應買或使他人為其應買。蓋拍賣人一方面為出賣人之代理人，另一方面自行應買或使他人為其應買，則構成自己代理（民法第 106 條前段）；為保護出賣人，並維持拍賣之公正，故應予以禁止。此外，拍賣人不自己應買，而代理他人應買，構成雙方代理（民法第 106 條後段），基於同一理由，應予以禁止。民法第 392 條之規定，法院實務上認為係禁止規定，違反者無效❹，但學說上認為，宜解釋為效力

---

❷　鄭玉波／陳榮隆，《民法債編總論》，第 60 頁。

❸　邱聰智，前揭書，第 215 頁。

❹　司法院 32 年院字第 2568 號解釋：「民法第 392 條之規定，於強制執行法上之拍賣亦適用之，強制執行法第 61 條、第 83 條之執行推事、書記官及執達員，即為民法第 392 條所稱之拍賣人，如自行應買或使他人為其應買，則主張拍賣

未定，得因本人（即委託拍賣之出賣人）之承認而生效❺❺。民法禁止自己代理或雙方代理，其目的在於保護本人；若經本人許諾，自己代理或雙方代理之法律行為，其效力直接及於本人，故本書贊成效力未定說。

三、拍賣人為賣定之表示

民法第 391 條規定：「拍賣，因拍賣人拍板或依其他慣用之方法，為賣定之表示而成立。」拍賣以拍賣人為賣定之表示而成立，換言之，應買人為應買之表示，係要約；而拍賣人為賣定之表示，則為承諾；拍賣契約因要約、承諾而成立。拍賣人為賣定之表示，通常以拍板之方法為之，但依其他慣用之方法（例如按鈴、敲鐘），亦無不可。因而，拍賣為要式行為，與一般買賣為不要式行為者不同。

出賣人自己拍賣時，欲拍歸何人，由出賣人自行決定，通常係拍歸出價最高之應買人，但認為應買人所出之最高價不足者，得不為賣定之表示，而撤回其物。出賣人委託他人拍賣時，拍賣人基於受任人之地位，處理拍賣事務，應依委任人（出賣人）之指示（民法第 535 條）。除拍賣之委任有反對之意思表示外，拍賣人得將拍賣物拍歸出價最高之應買人（民法第 393 條）。因此，拍賣人認為最高價一百萬元已經滿足，在委任人沒有反對之情況下，得拍歸出價一百萬元之應買人；反之，倘若委任人曾經表示非一百二十萬元不賣者，則拍賣人不得拍歸出價一百萬元之應買人，拍賣人若逕予以拍賣時，其拍賣並非無效，但對於委任人應負賠償之責（民法第 544 條）。

≫≫ 第三項　拍賣之效力 ≪≪

拍賣為特種買賣之一種型態，除民法特種買賣有關拍賣部分之特別規定外，原則上適用一般買賣之規定。拍賣因拍賣人為賣定之表示而成立，

無效有法律上之利益者，自得以訴主張其無效。」

❺❺ 邱聰智，前揭書，第 216 頁。

遂發生下列之效力：

一、出賣人之義務

出賣人之義務，如同一般買賣可分為主要給付義務及從屬給付義務二種：

㈠主要給付義務

出賣人之主要給付義務有二，其一，交付（移轉直接占有）標的物之義務；其二，移轉所有權之義務。此外，我國民法學者通說認為，出賣人仍負權利瑕疵與物之瑕疵擔保責任。但德國新民法第 433 條第 1 項後段規定：「出賣人使買受人取得之物，應免於物之瑕疵及權利瑕疵。」換言之，免於物之瑕疵及權利瑕疵，宜列為出賣人之主要給付義務，而不再是擔保責任。

㈡從屬給付義務

出賣人對於買受人所為之保護、照顧及其他從屬給付義務，均為出賣人之從屬給付義務。

二、買受人之義務

拍賣之買受人，亦有二項義務，即支付買價之義務及受領標的物之義務。民法第 396 條規定：「拍賣之買受人，應於拍賣成立時或拍賣公告內所定之時，以現金支付買價。」因此，拍賣之買受人支付價金之時期，為拍賣成立時或拍賣公告內所定之時，與一般買賣不同；蓋一般買賣，買賣標的物與其價金之交付，原則上應同時為之（民法第 369 條），但拍賣則不一定同時為之。此外，拍賣之買受人，必須以現金支付，不得簽發票據，與一般買賣亦有不同。

三、拍賣之其他效力

一般買賣，關於危險移轉之規定，於拍賣亦適用之。此外，盜贓或遺失物，如占有人由拍賣以善意買得者，非償還其支出之價金，不得回復其物（民法第 950 條）。

第四項　拍賣之解除及再拍賣

一、民法第 397 條規定：「拍賣之買受人如不按時支付價金者，拍賣人得解除契約，將其物再為拍賣。再行拍賣所得之價金，如少於原拍賣之價金及再行拍賣之費用者，原買受人應負賠償其差額之責任。」支付價金之債務，為金錢之債，並無給付不能之問題[56]，故拍賣之買受人不按時支付價金者，為給付遲延之問題。於一般契約，契約當事人之一方遲延給付者，他方當事人得定相當期限催告其履行，如於期限內不履行時，得解除其契約（民法第 254 條）。但民法第 397 條為特別規定，拍賣之買受人如不按時支付價金者，拍賣人無須催告，即得解除契約，並將標的物再為拍賣。

二、契約解除權人，應為契約當事人；非契約當事人，原則上並無契約解除權。拍賣之買受人，支付價金遲延者，出賣人得解除契約，固無疑義，問題在於，拍賣人為出賣人所委任之代理人時，拍賣人既非契約當事人，原則上並無契約解除權。但拍賣之買受人，應於拍賣成立時，以現金支付買價（民法第 396 條），竟不按時支付價金者，拍賣人有必要即時解除契約，將其物再為拍賣，故民法第 397 條規定，「拍賣人」得解除契約，將其物再為拍賣，以符合拍賣之實際需求。

三、民法第 260 條規定，解除權之行使，不妨礙損害賠償之請求，係專指因債務不履行之損害賠償而言，並不包含因契約消滅所生之損害[57]。

---

[56] 最高法院 20 年上字第 233 號判例：「金錢債務不容有不能之觀念，即有不可抗力等危險，亦應由其負擔，決不能藉口損失及人欠未收以冀減免責任。」

[57] 最高法院 55 年臺上字第 2727 號判例：「民法第 260 條規定解除權之行使，不

契約解除後，再行拍賣所得之價金，如少於原拍賣之價金，則其差額及再行拍賣之費用，解釋上為因契約消滅所生之損害，不屬於債編通則所規定損害賠償之範圍。因此，民法第 397 條第 2 項規定，再行拍賣所得之價金，如少於原拍賣之價金及再行拍賣之費用者，原買受人應負賠償其差額之責任，顯然超越債編通則損害賠償之範圍，而具有賠償「契約利益」之性質❺❽。

<hr/>

妨礙損害賠償之請求，並非積極的認有新賠償請求權發生，不過規定因其他已發生之賠償請求權，不因解除權之行使而受妨礙。故因契約消滅所生之損害，並不包括在內，因此該條所規定之損害賠償請求權，係專指因債務不履行之損害賠償而言。」

❺❽ 邱聰智，前揭書，第 220 頁；民法債編第 397 條修正理由：「第 2 項所謂『所得之利益』，概念欠明瞭，解說不一，易滋疑義。如依原規定之計算結果，則兩次拍賣費用均由原買受人負擔，亦甚不公平，蓋無論拍賣次數如何，第一次之拍賣費用當由出賣人負擔，始合乎情理。爰將『利益』修正為『價金』，『費用』修正為『再行拍賣之費用』，以期公平而明確。」

第五項　民法拍賣與強制執行法拍賣之比較

	民法拍賣	強制執行法拍賣
拍賣方法	應買人公開競價，彼此知悉出價。	不動產標賣，以非公開方式為之。
拍賣人	拍賣人可能為出賣人本身，亦可能為出賣人之代理人（民法§103）。	拍賣人為法院。
支付價金之時期	拍賣之買受人，應於拍賣成立時或拍賣公告內所定之時，以現金支付買價（民法§396）。	拍賣物之交付，與價金繳足，同時為之（強執法§68）。
權利之移轉	動產自交付時，買受人取得所有權（民法§761）。 不動產自登記時，買受人取得所有權（民法§758）。	動產自點交時，買受人取得所有權。不動產自法院發給權利移轉證書時，取得不動產所有權（強執法§98），毋待登記（民法§759）。
瑕疵擔保責任	買受人就物之瑕疵及權利瑕疵，均有擔保請求權（民法§§349、354）。	買受人就物之瑕疵，無擔保請求權（強執法§§69, 113）。 買受人就權利瑕疵，是否有擔保請求權？鄭玉波認為原則上「無」，例外則「有」（氏著債各第118頁）；邱聰智認為「有」，但實際上買受人因之獲得賠償者，可能為數甚少（氏著債各第217頁）。

第六節　繼續性供給買賣

第一項　繼續性供給買賣之意義

繼續性供給買賣 (der Sukzessivlieferungskauf)，法律雖無明文規定，但在社會日常生活卻極為普及，係由買受人與出賣人訂立一個買賣契約，但出賣人供給商品，在時間上卻分割為許多部分之給付 (BGE 47 II 440, 48 II 36, 50 II 256, 59 II 305, 76 II 107, ZR 1981, 212)[59]。出賣人何時應為各別之部分給付，得由當事人於訂約時事先確定，例如：出賣人每天送報紙，每個月送月刊雜誌，定期反覆為給付 (periodisch wiederkehrende Leistungen)；亦得約定由買受人嗣後決定，例如：電力公司供電，自來水公司供水，瓦斯公司供給瓦斯，由買受人依需要 (Kauf nach Bedarf oder auf Abruf)，決定給付之時點及數量[60]。

一般買賣契約，例如：購買一部轎車，購買一間房屋，其債之關係，係以一次給付 (eine einmalige Leistung) 為內容。因此，出賣人依債之本旨一次給付，債之關係即歸於消滅。然而，繼續性供給買賣，其債之關係，係以長期給付 (ein längerdauerndes Verhalten) 為內容，並不因出賣人一次給付而歸於消滅[61]。

繼續性供給買賣，以出賣人分次供給商品為要件，問題在於，買受人支付價金是否亦須分次為之？有學者認為，繼續性供給契約之特點，在乎出賣人之各個給付，與買受人之支付價金，處於個別對待之狀態，因而若買受人先行一次支付全部價金，而後由出賣人分次供給標的物，或先由出

---

[59]　Guhl/Koller, aaO, S. 349.

[60]　Koziol/Welser, aaO, S. 156.

[61]　Koziol/Welser, aaO, S. 7.

賣人分次供給標的物，而最後由買受人一次支付價金者，均非此之所謂繼續供給契約[62]。然而，本書認為，繼續性供給買賣，固以出賣人分次供給商品為要件，但並不以買受人分次支付價金為必要，故訂閱報紙一年，先行支付全部報費，或約定報紙送滿一年後收款，均亦屬繼續性供給買賣[63]。

此外，既稱為繼續性供給買賣，則當事人應約定，出賣人分次交付商品，並移轉該商品之所有權於買受人。否則，若約定交付標的物，供他方長期使用收益者，可能為租賃；繼續供給勞務，可能為僱傭。

>>> 第二項　繼續性供給買賣之效力 <<<

一般買賣契約，因出賣人依債之本旨提出給付，買受人交付約定之價金，而使債之關係歸於消滅。反之，繼續性供給買賣，係以長期給付為內容，具有長期債之關係 (die Dauerschuldverhältnisse) 之特色，因此在開始履行後，不能溯及既往 (ex tunc)，而僅能向將來 (ex nunc) 消滅[64]。繼續性供給買賣，往往定有期限，例如：訂報一年，則於約定期限屆滿後，債之關係消滅。繼續性供給買賣，附有解除條件者，於條件成就時，失其效力（民法第99條第2項），例如：甲訂報，約定甲出國時，買賣契約解除，則訂報契約自甲出國時失其效力。繼續性供給買賣，於買受人或出賣人之一方終止契約時，自終止時起，債之關係消滅，例如：買賣契約當事人之一方對於他方喪失信賴、當事人之一方嚴重債務不履行或法律行為基礎喪失（wegen des Wegfalls der Geschäftsgrundlage，此即國內學說所稱之情事變更），無法期待當事人繼續維持買賣關係時，得終止契約。但訂立買賣契約時，已經考慮到之事項，如經濟景氣變差，則非提前終止契約之理由。

---

[62]　鄭玉波，《民法債編各論上冊》，第122頁。

[63]　邱聰智，前揭書，第222頁。

[64]　因錯誤而撤銷，或因債務不履行而解除，在長期債之關係，原則上係使債之關係向將來消滅，而非溯及訂約時消滅，請參照 Koziol/Welser, aaO, S. 9.

附錄一

實例研習

 實例一

　　甲有一幅廖繼春之名畫，在畫廊展覽，乙於民國94年10月10日前往參觀，觀賞之餘，愛不釋手，於是出價新臺幣二百萬元請求甲割愛。甲允許乙之請求，但雙方約定於同年12月12日交畫，並於交畫同時付清買賣價金。丙於同年10月15日前往參觀，亦看中廖繼春同一幅名畫，出價新臺幣三百萬元請求甲割愛，甲亦允許丙之請求。

請問：㈠假設甲尚未交付該畫於丙，乙是否得請求甲交付該畫？

　　　　㈡假設甲已將該畫所有權移轉於丙，乙是否得請求甲交付該畫？

簡要擬答

　　乙請求甲交付廖繼春之名畫，係根據甲、乙間之買賣契約，因此，乙是否有權請求甲交畫，應視下列要件而定：

　　㈠甲、乙間之買賣契約是否有效成立？

　　因甲與乙於民國94年10月10日訂立買賣契約，就買賣標的物及其價金互相表示意思一致，買賣契約有效成立，故根據民法第348條第1項之規定，甲負交付該畫於乙，並使乙取得該畫所有權之義務。因此，乙對甲取得交畫之請求權。

　　㈡乙對甲之交畫請求權是否消滅？

1.甲與乙訂立買賣契約，買賣契約係債權契約；買賣契約有效成立，在甲與乙之間產生債之關係。根據債之關係，乙得請求甲履行民法第348條第1項所規定之義務（民法第199條第1項）。甲必須依債務本旨，向乙清償，並經其受領，債之關係始行消滅（民法第309條第1項）。因甲尚未履行交畫及移轉所有權之義務，故乙對甲之交畫請求權尚未消滅。

2.甲未依讓與合意及交付將該畫所有權移轉於丙時，則丙並未取得該畫之所有權；換言之，甲仍為該畫之所有權人。此時，甲給付該畫於乙，仍屬可能，故乙得請求甲交付該畫。

3.假設甲已將該畫所有權移轉於丙，則丙取得該畫之所有權，而甲對該畫之所有權消滅。甲對該畫既無所有權，即無法對乙履行交畫及移轉所有權之義務；換言之，甲對乙給付不能。因此，乙不得請求甲交付該畫。（最高法院31年上字第391號判例：債之關係發生後給付不能者，無論其不能之事由如何，債權人均不得請求債務人為原定之給付……為原告之債權人，如仍求為命被告交付該物之判決，自應認其訴為無理由，予以駁回。最高法院30年上字第1253號判例：出賣人為二重買賣，並已將該物之所有權移轉於後之買受人者，移轉該物所有權於原買受人之義務即屬不能給付，原買受人對於出賣人僅得請求賠償損害，不得請求為移轉該物所有權之行為。）

實例二

> 甲將一部電腦賣給十七歲的乙，雙方約定買賣價金新臺幣五萬元，乙付清買賣價金後，立即將電腦帶回家。乙之父母知悉後，拒絕承認該筆交易。請問甲是否得請求乙返還電腦？

簡要擬答

一、甲得根據民法第179條前段「無法律上之原因而受利益，致他人

受損害者，應返還其利益」之規定，請求乙返還該部電腦之所有權。試說明其要件如下：

㈠乙取得該部電腦之所有權，受有利益：

1.電腦係動產，其所有權之移轉，依通說之見解，需讓與合意（物權契約）及交付二項要件，而與買賣契約（債權契約）是否有效無關，此即所謂之物權行為獨立性與無因性。

2.甲係電腦之所有權人，有權處分該部電腦。甲以移轉所有權之意思，將電腦交付於乙，而乙亦有受領所有權之意思，二人互相表示意思一致，讓與合意有效成立。蓋乙雖係十七歲之限制行為能力人，但依民法第 77 條但書之規定，乙取得電腦所有權，係純獲法律上之利益，縱使未得法定代理人之允許，其受領電腦所有權之意思表示，仍屬有效。故乙取得該部電腦之所有權，而甲對該部電腦之所有權消滅。因此，甲無法依民法第 767 條之規定，對於乙主張所有物返還請求權，併予說明。

㈡乙取得該部電腦所有權，並無法律上原因：

甲、乙間訂立買賣契約，使乙負支付約定價金之義務（民法第 367 條），故對乙而言，買賣契約並非純獲法律上之利益。乙係限制行為能力人，訂立買賣契約，須經法定代理人之承認，始生效力（民法第 79 條）。依題旨所載，乙之父母拒絕承認，則買賣契約不生效力。甲為履行甲、乙間買賣契約所產生之義務，而將電腦交付並移轉所有權於乙，如今買賣契約既不生效力，則乙取得電腦所有權，即無法律上之原因。

㈢甲為履行甲、乙間買賣契約所產生之義務，將電腦交付並移轉所有權於乙，但因乙之法定代理人不承認該筆交易，而使買賣契約不生效力，致使甲因履行不生效力之買賣契約而受有損害。

二、綜上所述，甲得根據不當得利之規定，請求乙返還電腦之所有權。

這個例子，主要在說明，買賣契約是債權契約，物之所有權移轉契約是物權契約；債權契約與物權契約，不但形式上分離，而且效力上互不影響。買賣契約無效、被撤銷或不生效力，並不影響所有權移轉契約之效力。但因所有權移轉缺乏法律上原因，故甲得依不當得利之規定，請求返還買

賣標的物之所有權。

實例三

　　甲將其所有之房屋一棟出租於乙，並交付該屋供乙占有、使用及收益。嗣後，甲將同一房屋賣給丙，並移轉所有權於丙。丙急需房屋居住，故請求甲交屋，但甲卻將其對乙之租賃物返還請求權讓與給丙，以履行民法第 348 條第 1 項交付之義務；而乙對丙亦根據民法第 425 條主張買賣不破租賃，請問丙應如何處理？

簡要擬答

　　出賣人得否不經買受人同意，逕以占有改定或指示交付履行民法第 348 條第 1 項所規定之交付義務？針對這個問題，法院與學者見解不同，試說明如下：

　　㈠最高法院 41 年臺上字第 1564 號判例：「被上訴人（出賣人）既以對於占有該土地之第三人某某之返還請求權讓與於上訴人（買受人）以代交付，而又並無在該第三人返還前其交付義務仍不消滅之特約，則依同法第 946 條第 2 項，準用第 761 條之規定，其交付義務即屬已經履行，上訴人自無再向被上訴人請求交付之餘地。」因此，甲得不經丙同意，逕以其對乙之租賃物返還請求權讓與給丙，用以履行交付義務。此時，丙不得再請求甲交付房屋，祇能等租賃期限屆滿，請求乙返還租賃物（房屋）。

　　㈡反之，學者通說認為，出賣人欲以占有改定或指示交付履行民法第 348 條第 1 項之交付義務，應經買受人同意；否則，出賣人交付買賣標的物之義務，即屬尚未履行，若出賣人給付遲延，則買受人得解除契約，並請求損害賠償。試說明如下：

　　1. 根據民法第 348 條第 1 項及第 349 條之規定，甲負交屋並移轉該屋所有權於丙之義務，而且擔保第三人（乙）就買賣之標的物（房屋），對於

買受人（丙）不得主張任何權利。

　　2.於乙之租賃期限屆滿後，甲即可以履行其對丙之交屋義務。因此，甲未依丙之請求而交屋，係給付遲延，而非給付不能。

　　3.甲雖移轉該屋所有權於丙，但因第三人乙對買受人丙主張買賣不破租賃，拒絕返還該屋於丙，致使丙無法占有、使用及收益其所有物。因此，甲移轉於丙之所有權，具有權利瑕疵，而該權利瑕疵於租期屆滿後可以排除，故甲係給付遲延。

　　4.故丙得根據民法第 254 條、第 260 條之規定，解除契約，並請求損害賠償。

實例四

　　甲出賣 A 物於乙，誤取 B 物依讓與合意交付之。此為物之瑕疵？抑或是物權行為之意思表示錯誤？

簡要擬答

　　甲出賣 A 物於乙，誤取 B 物依讓與合意交付之，究為物之瑕疵？抑或是物權行為之意思表示錯誤？學說有爭論，分述如下：

　　㈠甲與乙訂立買賣契約，買賣標的係 A 物，雙方就買賣契約之意思表示並無錯誤，而甲竟誤取 B 物交付於乙，甲交付之 B 物，並非買賣標的 A 物，為錯誤給付 (Falschlieferung)，屬於讓與合意（物權契約）之意思表示錯誤，而甲未依債之本旨提出給付（王澤鑑，〈物權行為錯誤與不當得利〉，載：《民法學說與判例研究第五冊》，第 159 頁；Larenz, aaO, S. 41）。

　　㈡然而，2002 年修正之德國新民法第 434 條第 3 項規定：「出賣人給付買賣標的物以外之他物者，與物之瑕疵同。」該項規定認為錯誤給付，亦屬於不符合約定之品質，故視同物之瑕疵，解決了「錯誤給付」(Falschlieferung) 與「瑕疵給付」(Schlechtlieferung) 不易區別之難題

(Olzen/Wank, aaO, S. 77)。

實例五

　　甲車商為促銷新車，舉辦折抵活動，凡購新車者，得將其現有之舊車折抵新車之部分買賣價金。乙向甲購買一輛新車，雙方約定買賣價金新臺幣一百三十萬元，由乙支付甲一百萬元現金，其餘三十萬元由乙原有舊車折抵。請回答下列問題：

　　㈠因不可歸責於雙方當事人之事由，致乙之舊車滅失，其法律關係如何？

　　㈡乙向甲保證舊車之品質，但該舊車卻有重大瑕疵，其法律關係如何？

　　㈢假設新車有重大瑕疵，而乙解除買賣契約，得否請求甲返還新臺幣一百三十萬元？

簡要擬答

　　一、乙向甲購買一輛新車，由乙支付甲一百萬元現金，並由乙原有之舊車折抵三十萬元。甲舉辦折抵活動之主要目的，在於出售新車，而非單純地取得舊車。反之，乙願意購買新車，係因甲接受其舊車，並以優惠之價格折抵新車之部分買賣價金。倘使甲不接受乙之舊車，或不以優惠之價格折抵，則乙可能不願購買新車。甚至，乙可能祇有一定之預算，超過該預算，乙根本不可能購買新車。甲願意讓乙以優惠價格折抵，係因為甲在折抵之條件下出售新車，仍具有利益。這樣的交易，我們稱為「附折抵之買賣」(Kauf mit lnzahlungnahme)。附折抵之買賣，雖然兼具買賣（乙應支付甲一百萬元）及互易（乙應移轉舊車所有權於甲）之因素，為買賣與互易之混合契約，但重點仍在買賣，與民法第399條所規定之「附補足金之互易」不同，蓋附補足金之互易，重點在互易，金錢之給付，僅居於從屬

之地位。

　　二、根據上面之敘述，甲與乙雖然約定買賣價金一百三十萬元，但乙自始所負之債務，並不是一百三十萬元，而是一百萬元加上乙之舊車。因不可歸責於乙之事由，致舊車滅失，對乙而言，即屬一部不能。然而，甲給付新車之債務，係不可分之債務，若乙未表示以一百三十萬元購買該新車，即應認為係給付全部不能，依民法第 225 條第 1 項之規定，乙免給付義務，依民法第 266 條第 1 項之規定，甲免為對待給付之義務。

　　三、乙向甲保證舊車之品質，但該舊車卻有重大瑕疵，此時，甲基於契約之一體性質，得解除整個契約，或請求乙減少折抵之金額（民法第 359 條）。

　　四、假設新車有重大瑕疵，而乙解除買賣契約，則乙僅能請求返還其已付之一百萬元及舊車，不得請求返還一百三十萬元（民法第 259 條）。

附錄二

參考書目

一、中文參考書目

1. 王澤鑑，〈附條件買賣買受人之期待權〉，收錄於《民法學說與判例研究第一冊》，民國 64 年 6 月，臺大法學叢書。

2. 王澤鑑，〈給付不能〉，收錄於《民法學說與判例研究第一冊》，民國 64 年 6 月，臺大法學叢書。

3. 王澤鑑，〈自始主觀給付不能〉，收錄於《民法學說與判例研究第三冊》，民國 70 年 3 月，臺大法學叢書。

4. 王澤鑑，〈三論「出賣他人之物與無權處分」：基本概念仍待澄清〉，收錄於《民法學說與判例研究第五冊》，民國 76 年 5 月，臺大法學叢書。

5. 王澤鑑，〈民法總則編關於法律行為之規定對物權行為適用之基本問題〉，收錄於《民法學說與判例研究第五冊》，民國 76 年 5 月，臺大法學叢書。

6. 王澤鑑，〈物權行為錯誤與不當得利〉，收錄於《民法學說與判例研究第五冊》，民國 76 年 5 月，臺大法學叢書。

7. 王澤鑑，〈物之瑕疵擔保責任、不完全給付與同時履行抗辯〉，收錄於《民法學說與判例研究第六冊》，民國 91 年 3 月，臺大法學叢書。

8. 王澤鑑，〈基於債之關係占有權的相對性及物權化〉，收錄於《民法學說與判例研究第七冊》，民國 92 年 9 月，臺大法學叢書。

9. 王澤鑑，〈出賣之物數量不足、物之瑕疵、自始部分不能與不當得利〉，收錄於《民法學說與判例研究第八冊》，民國 92 年 9 月版，臺大法學叢書。

10. 王澤鑑，《請求權基礎理論體系》，民國 92 年 2 月七刷，三民書局。

11. 史尚寬，《債法各論》，民國 66 年五版，自版。

12. 史尚寬，《債法總論》，民國 79 年 8 月版，自版。

13. 史尚寬，《物權法論》，民國 76 年 1 月臺北六刷，自版。

14. 邱聰智，《新訂債法各論（上）》，民國 91 年 10 月，元照出版。

15. 林誠二，《民法債編各論上冊》，民國 92 年 7 月修訂二版，瑞興圖書。

16. 姚志明，《債務不履行—不完全給付之研究》，民國 89 年 12 月，元照出版。

17. 梅仲協，《民法要義》，民國 59 年 9 月臺新十版，自版。

18. 陳自強，《契約之內容與消滅》民國 93 年 9 月一版再刷，學林出版。

19. 陳添輝，〈物權行為無因性原則〉，載：《政大法學評論》第 88 期，民國 94 年 12 月出刊。

20. 曾世雄，《民法總則之現在與未來》，民國 91 年 10 月一版再刷，學林出版。

21. 曾品傑，〈論法國民法上之物權變動〉，載：《「兩岸法制及比較物權法」學術研討會論文集》，民國 94 年 11 月 26 日發表，尚未出版。

22. 黃立，《民法債編總論》，民國 91 年 9 月二版第三刷，元照出版。

23. 黃立主編，楊芳賢、陳洸岳、謝銘洋、蘇惠卿、吳秀明、郭玲惠合著，《民法債編各論（上）》，民國 93 年 2 月初版第二刷，元照出版。

24. 黃茂榮，《買賣法》，民國 91 年 5 月增訂第五版，自版。

25. 詹森林，〈物之瑕疵擔保、不完全給付與買賣價金之同時履行抗辯〉，載：《民事法理與判例研究第二冊》，民國 92 年 4 月初版，自版。

26. 詹森林，〈不完全給付〉，《民事法理與判決研究㈡》，民國 92 年 4 月初版，自版。

27. 劉春堂，《民法債編各論（上）》，民國 92 年 8 月 20 日，自版。

28. 鄭玉波，《民法債編各論上冊》，民國 62 年 8 月三版，自版。

29. 鄭玉波，《民法總則》，民國 62 年 9 月八版。

30. 鄭玉波／陳榮隆，《民法債編總論》，民國 91 年 6 月修訂二版，三民書局。

31. 薛祀光，《民法債編各論》，民國 49 年，三民書局。

32. 謝在全，《民法物權論上冊》，民國 92 年 7 月修訂二版。

二、外文參考書目

1. Baur/Baur/Stürner, *Lehrbuch des Sachenrechts*, 16 neubearbeitete Auflage, 1992.

2. Becker, *Obligationenrecht*, 1. Abteilung, Allgemeine Bestimmungen, Art. 1–183, Bern, 1941.

3. Bydlinski, *Die rechtsgeschäftlichen Voraussetzungen der Eigentumsüber-tragung nach österreichischem Recht*, in:Festschrift für KARL LARENZ zum 70. Geburtstag, München, 1973.

4. Coing, *Europäisches Privatrecht*, Band II, 19 Jahrhundert, Überblick über die Entwicklung des Privatrechts in den ehemals gemeinrechtlichen Ländern, München, 1989.

5. Conrad, *Deutsche Rechtsgeschichte*, Band I, 2 neubearbeitete Auflage, 1962.

6. Ernst (Astrid), *Schuldrecht*, Besonderer Teil II, München, 1998.

7. Ernst (Wolfgang), *Rechtsmängelhaftung*, Tübingen , 1995.

8. Gerhardt, *Mobiliarsachenrecht*, 5 neubearbeitete und erweiterte Auflage, 2000.

9. Giger, "*Das Obligationenrecht*," in: Schweizerisches Zivilgesetzbuch, Bern, 1980.

10. Giger, *Das Obligationenrecht*, 2. Abteilung, 1. Teilband, 1. Abschnitt, zweite unveränderte Auflage, Bern, 1980

11. Grunewald, "*Regelungsgehalt und System des deutschen Kaufrechts*," in: *Europäisches Kaufgewährleistungsrecht*, 2000.

12. Gschnitzer, *Allgemeiner Teil des bürgerlichen Rechts*, zweite neubearbeitete Auflage, 1992.

13. Guhl/Koller, *Das schweizerische Obligationenrecht*, neunte Auflage, Zürich, 2000.

14. Haab/Simonius/Scherrer/Zobl, *Das Sachenrecht*, Erste Abteilung, Eigentum,

Art. 641 bis 729, Kommentar zum Schweizerischen Zivilgesetzbuch, 1977.

15. Hausmaninger/Selb, *Römisches Privatrecht*, 2. Verbesserte Auflage, 1983.

16. Huber/Faust, *Schuldrechts modernisierung*, München 2000.

17. Kaser, *Römisches Privatrecht*, 11 Auflage, 1979.

18. Koziol/Welser, *Bürgerliches Recht, Band I, Allgemeiner Teil, Sachenrecht, Familienrecht*, 12 Auflage, 2002.

19. Koziol/Welser, *Bürgerliches Recht, Band II, Schuldrecht Allgemeiner Teil, Schuldrecht Besonderer Teil, Erbrecht*, 12 Auflage, 2001.

20. Larenz, *Lehrbuch des Schuldrechts*, zweiter Band, Besonderer Teil, 1. Halband, 1986.

21. Medicus, *Bürgerliches Recht*, 19 neubearbeitete Auflage, 2002.

22. Medicus, *Schuldrecht*, 2. Besonderer Teil, 8 neubearbeitete Auflage, 1997.

23. Meier-Hayoz/Liver, *Sachenrecht*, Schweizerisches Privatrecht, fünter Band, Erster Halbband, 1977.

24. Olzen/Wank, *Die Schuldrechtsreform*, 2002.

25. Reinicke/Tiedtke, *Kaufrecht*, 5 vollständig überarbeitete Auflage, 1992.

26. Rolland, "*Regelungsgehalte der Vorschläge der Kommission zur Überarbeitung des Schuldrechts*," in: *Europäisches Kaufgewährleistungsrecht, Reform und Internationalisierung des deutschen Schuldrechts*, 2000.

27. Rüthers/Stadler, *Allgemeiner Teil des BGB*, 11 völlig neubearbeitete Auflage, München, 2001.

28. Schlechtriem, *Das Recht der Schuldverhältnisse*, Tübingen, 2003.

29. Schönenberger/Jäggi, *Obligationenrecht*, 3, völlig neubearbeitete Auflage, Zürich, 1973.

30. Vischer/Cavin, *Obligationenrecht*, Besondere Vertragsverhältnisse, erster Halbband, Basel und Stuttgart, 1977.

31. Wieacker, *Privatrechtsgeschichte der Neuzeit*, 2 neubearbeitete Auflage, 1967.

32. Wieling, Das Abstraktionsprinzip für Europa! ZEuP, 2001.

33. Wörlen, *Schuldrecht BT*, 6 Auflage, 2003.

三、解釋及判例要旨

1. 大理院 3 年上字第 45 號判例

2. 最高法院 20 年上字第 233 號判例

3. 22 年上字第 716 號(1)判例，註 139

4. 最高法院 28 年上字第 996 號判例

5. 29 年上字第 826 號(2)判例

6. 司法院 32 年院字第 2568 號解釋

7. 最高法院 32 年永上字第 378 號判例

8. 最高法院 33 年上字第 604 號判例

9. 最高法院 37 年上字第 7645 號判例

10. 40 年臺上字第 1200 號判例

11. 47 年臺上字第 152 號判例

12. 49 年臺上字第 376 號判例

13. 最高法院 55 年臺上字第 2727 號判例

14. 61 年臺上字第 964 號判例

15. 最高法院 64 年臺上字第 2367 號判例

16. 最高法院 66 年臺再字第 42 號判例

17. 72 年臺上字第 938 號判例

18. 最高法院 79 年臺上字第 2231 號判例

19. 83 年臺上字第 3243 號判例

20. 85 年臺上字第 389 號判例

21. 85 年臺上字第 878 號判決

22. 85 年臺上字第 389 號判例

23. 87 年臺簡上字第 10 號判例

民法系列──契約之成立與效力　杜怡靜／著

　　本書為使初學者能儘速建立契約法之基本概念，以深入淺出之方式，於理論基礎之說明上，儘量以簡潔文字並輔以案例加以說明。此外為使讀者融會貫通契約法間之關連性，書末特別附有整合各項契約法觀念的綜合案例演練，促使讀者能夠彙整關於契約法的各項觀念。因此希望讀者務必用心研讀、練習；也希望讀者能藉由本書關於契約法之介紹，進入學習民法之殿堂。

民法系列──繼承　戴東雄／著

　　本書主要內容在說明民法繼承編重要制度之基本概念，並檢討學說與實務對法條解釋之爭議。本書共分四編，第一編緒論；第二編為遺產繼承人；第三編乃遺產繼承；第四編為遺產繼承之方法。在本書各編之重要章次之後，附以實例題，期能使讀者了解如何適用法條及解釋之方法，解決法律問題，並在書後之附錄上，提出綜合性之實例題，解決實際之法律問題。

民法系列──遺囑　王國治／著

　　本書首先介紹中外遺囑的歷史背景與變遷過程，並針對世界各國、臺灣、香港、澳門與大陸地區的遺囑法律做比較研究；其次，從我國遺囑之相關法律、司法實務與實際案例切入，帶領讀者徹底瞭解遺囑的理論與實務；最後，可以啟發法律初學者的興趣，詳盡剖析我國遺囑法律闕失之處，並提出將來遺囑修法之具體建議，實為一本值得閱讀與收藏的法律好書。

民法系列──運送法　林一山／著

　　現今運送行為態樣越來越複雜,已融合承攬運送與倉庫行為成為不可分離的整體,本書的內容因而係植基於此一廣義的「運送法」概念,以我國民法債編各論第十六節「運送」為主,並兼論及「承攬運送」及「倉庫」的相關部分。本書理論與實務兼具,一方面以生動活潑的案例來引發初學者的興趣,再者系統性且整體性地將相關內容做深入淺出地介紹,對實務工作者助益甚大。

票據法（修訂二版）　潘維大／著　黃心怡／修訂

　　這是一本能讓讀者有如閱讀小說、漫畫般，輕鬆認識票據法的書。口語式的活潑筆法，讓抽象的法律條文從此不再艱澀拗口；小說般的故事情節，讓票據不再如天上明月般遙不可及，而與生活緊密結合。隨著書中人物面臨的大小事故，錯綜難解的法律關係，變成饒富趣味的生活小品。想試試法律變成趣味休閒版的滋味嗎？就從閱讀本書開始吧！

公司法新論（增訂四版）　王泰銓、王志誠／著

　　本書之特點，乃從解釋論及司法實務之觀點，有系統地解析我國公司法制之規範內容及運作實情，並針對公司法學之重要問題，從日本、美國、歐盟及德國等先進國家之公司法制出發，提出深度之理論批判及建議，以掌握公司法學之發展趨勢。再者，本書第四編尚整理分析各國公司經營機關之制度現況，並以公司治理為中軸，詳盡介紹當前之熱門話題，值得深入研讀。

保險法論（條訂六版）　鄭玉波／著　劉宗榮／修訂

　　本書以最新公布之保險法為論述對象，對本次增修重點──以保險法業為主，保險契約法只止於枝節而已。實者保險契約法之有待修正，並不亞於保險業法。保險契約法與保險業法之繫然大備，仍有待於來日。本書對於保險法詳加概述、反覆說明，以期讀者能於短期了解其梗概。內容詳實，可說是大專院校保險課程之良好教材及保險從業人員之重要讀物。

銀行法（修訂六版）　金桐林／著

　　本書收錄銀行法立法意旨及精義所在，更索引友邦國家之銀行法規及銀行制度以為參證；其他如相關之貨幣銀行學理論，以及主管機關依據銀行法制定之管理規章，與補充性，解釋性之規定，亦予以介紹。本書並於有關單元，析述銀行法之修正緣由及內容，值得實務界人士及學生參考研讀之用。

行政法導論（修訂六版）　李震山／著

　　本書共分為基礎、組織、人員、作用、救濟等五大部分。論述內容除尊重以行政處分為中心之既有研究成果外，並強烈呼應以人權保障為重心，重視行政程序的現代行政法學思緒。本書表達思想或說理的方法，或稍有異於一般人所習慣的論理方式。但對於許多學者之高見、司法院大法官的解釋及行政法院裁判見解，皆儘可能的加以引用，裨有助於提高讀者研習行政法之效益。

行政法總論（增訂五版）　黃　異／著

　　本書內容主要涉及行政意義、行政法意義、行政法法源、行政組織、行政行為、行政程序、行政執行、行政救濟、行政罰、公物、公務員、國家賠償、徵收補償等項目的相關規定。本書的主要目的在於呈現上述各相關規定所共同形成的架構及基本概念。本書用字淺顯及簡潔，表達清晰而容易閱讀。若想要對於行政法總論獲得一個系統且基礎的瞭解，本書是一個適當的讀物。

和國家打官司——教戰手冊　王泓鑫／著

　　以當代憲政主義的角度而論，國家施政均受到憲法的拘束，國家的制度與行為，都不能違背國家憲法。如果國家的作為侵害了人民，該怎麼辦？當代的憲政國家於是設有法院，讓人民的權利在受到國家侵害時，也可以和「國家」打官司，以便獲得補償、救濟、平反的機會。但應如何和國家打官司？本書作者以深入淺出的方式，教你如何保障自己的權益，打一場漂亮的官司。

生活法律 Q&A　劉昌崙／著

　　本書乃就在生活中常發生的法律問題加以整理，譬如身分證遺失該怎麼辦？拿到偽鈔時該怎麼辦？如何防範詐騙？夫妻離婚、未成年人的監護權歸屬？碰到銀行委外討債怎麼辦？「人無事一身輕，有事千斤重」當碰到事情的時候，躲避不是辦法，面對它必須要有法律常識，本書將是您生活中最好的朋友。

刑法概要（修訂四版）　　蔡墩銘／著

　　為處罰犯罪而制定之刑法，其內容牽涉犯罪理論及刑罰理論，無論犯罪或刑罰理論，自古以來國內外學者莫不提出各種不同的學說，以促進刑法不斷改良，適應時代之需要。此亦使刑法教科書充斥各種理論學說，初學者甚難融會貫通，感覺刑法不易學習。作者以在大學卅多年教授刑法的經驗，在書中指出各個問題的重點，相信有助於初學者對刑法的學習。

刑法各論（修訂五版）　　蔡墩銘／著

　　刑法分則可謂為社會犯罪的目錄，其所規定之個罪依犯罪構成要件的方式形諸文字，同時亦藉此形成各種犯罪類型。在犯罪類型中有基本類型、加重類型、減輕類型及特別類型之分，各種犯罪類型之間莫不有一定之關係有待釐清。本書著重於犯罪類型彼此間的比較分析，呈現各個犯罪構成要件之特色，有助於對刑法各罪之瞭解與認識。

犯罪學（增訂三版）　　林山田、林東茂、林燦璋／著

　　本書分為犯罪學通論及犯罪學各論兩篇。上篇介紹犯罪學的概念及其發展、犯學方法論、犯罪學理論、犯罪黑數、犯罪預測、犯罪分析、被害者學等；下篇論述各種犯罪型態，包括少年犯罪、老年犯罪、女性犯罪、性犯罪、組織犯罪、政治犯罪、經濟犯罪、貪污犯罪、電腦犯罪等，最後提出標本兼治的抗制犯罪政策，期能藉此激發更多的討論，使犯罪學研究能在國內更加蓬勃發展。

遠離暴力侵害——婦女人身安全法寶　　柯伊伶／著

　　近年來，婦女地位雖然逐漸提升，然而，社會上婦女權益受到侵害的新聞卻仍時有所聞，婦女的人身安全，不僅沒有隨著時代的進步而改善，反而處處接受挑戰。本書分為五大篇，共以60個法律問題，詳述婦女面臨家庭暴力、性騷擾、以及性侵害時的因應之道，並介紹與婦女健康及工作權相關的法律，讓讀者對法律具備初步的認識，勇敢地捍衛自身的權利。